日清戦争以前の 日本語・中国語会話集

園田博文

武蔵野書院

まえがき

　本書は、日清戦争以前の日本語・中国語会話集についての研究書です。日本語・中国語会話集とは、日本語とそのもとになった中国語とを対照させた会話集のことです。本文では、中国語会話書と呼びます。訳述された日本語を見ると、興味深い語や語法に気づきます。日常使われる口語で訳したとの訳述方針が示されていたり、中国語母語話者が日本語学習のために使ったという述懐がなされたりもしています。

　まずは、第1部で資料について詳細に分析します。その上で、第2部では、人称代名詞について見ていきます。第3部では、戦前まで規範的ではないとされた「新シイデス」「丸イデス」のような用例が見られる点に触れます。時代を先取りしたとも言える例です。第4部では、九州方言的要素の検討を行います。

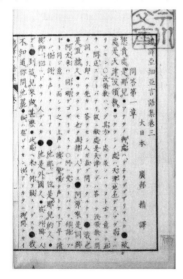

【図1】明治13年8月刊・広部精『総訳亜細亜言語集　巻三』：図1は、明治25年6月刊の再版本〈関西大学デジタルアーカイブより転載・掲載可〉です。実際の調査に当たっては、国会図書館蔵本〈明治13年8月刊・初版本〉の複写を取り寄せたものを使用しました。

【図2】明治13年9月刊・福島九成『参訂漢語問答篇国字解』：図2は、初版本（国会図書館蔵本・掲載可）です。実際に初版本による調査を行いました。

目　次

凡　例

一、本書全体を横書きに統一した。

一、注は脚注によって示した。

一、引用は原文どおりとすることを旨とした。誤字である可能性が考えられる
　　例も修正はせず、「ママ」あるいは「原文のまま」という注記を付して示した。

一、原文の漢字字体は、いわゆる旧字体のほか様々な字体が現れている。引用
　　に際しては、できる限り日本における現行の通行字体に統一した。ただし、
　　第1部第1章のように、漢字字体の違いをも手がかりとして影響関係を考
　　察するところでは、できる限りもとの字体（旧字体、中国における当時の
　　通行字体）で示し、異体字にも十分配慮した。

一、引用に際しては、原文の仮名表記に従った。平仮名、片仮名の違いも原文
　　どおりとした。仮名遣いも歴史的仮名遣いあるいは現代仮名遣いに統一す
　　ることはしなかった。ただし、二字分の踊り字や合字は現行の仮名に改め
　　た。

一、原文に振り仮名がある場合の引用の仕方は、振り仮名を漢字の後に（　）
　　を用いて「兄弟（ワタクシ）」のように統一した。

一、本文中の引用文献は、原則として雑誌論文等初出のものを示した。初出論
　　文は後に論文集や単行本に収められることがある。内容については、ほぼ
　　同じものから大幅に書き換えられているものまでさまざまである。参考文
　　献欄には、気づいた限り単行本も載せるようにした。

序　章

　中国語関係書は、六角（2001）によると、明治元（1868）年の前年から昭和20（1945）年までに 1474 点、昭和 21（1946）年から平成 12（2000）年までに1145 点、計 2619 点著されている。これらは、「学習書」「時文・尺牘」「語彙・辞典」等に細分することができる。実際に資料を見てみると、さまざまな日本語が使われていることに気づいた。これらの資料が中国語学や中国語教育史の分野だけでなく、日本語学や日本語教育史の分野でも使えないだろうかというところが、そもそもの出発点である。その中でも特に、日本語が現れる日本語・中国語会話集（中国語会話書）について、日本語学や日本語教育史の分野での位置付けを考察することが大きな目的である。

　扱う時期は、日清戦争以前の明治初期とした。これにはふたつの理由がある。まず、この時期は今につながる日本語が形成されつつある時期であり、さまざまなジャンルの日本語の様相を把握しておくことは重要であると考えたからである。もうひとつの理由は、明治 21（1888）年くらいまでで資料が途絶え、日清戦争とこれに連なる朝鮮での出来事が起こる明治 27（1894）年から資料が増え出すという資料の区切りがあるからである（本書「中国語会話書一覧」参照）。

　中心となる資料は、明治 12（1879）年から明治 15（1882）年までに刊行された広部精の『亜細亜言語集』『総訳亜細亜言語集』と福島九成の『参訂漢語問答篇国字解』である。これらの資料は、トーマス・ウェードの著作『問答篇』（1860）『語言自邇集』（1867）の訳述であるのだが、日本語の文、日本語の発想をもとに中国語を改変したと考えられる部分も見られる。どのような日本語が反映されているかを知る手がかりとして、訳述者の背景も調べた。訳述方針を見ると、日常使われる口語で訳したとの記述がある。また、中国語母語話者が日本語学習のために使ったという述懐もなされている。漢字等の母語の知識が正の転移として活用できる中国語母語話者への日本語教育を考える上で、洋学資料・洋学会話書とは趣を異にした重要な資料であることが窺える。

　第 1 部第 1 章の「學清語」に実際の会話例を示したが、このような場面は、同時期の小説等にはなかなか現れていない。このほかにも外交交渉や後の戦時

を想定した会話等も日本語・中国語会話集を用いなければ解明できないものであり、当時の多様性のある日本語を考える上で、日本語・中国語会話集は必要不可欠な資料であると言える。第2部では人称代名詞を扱い、洋学資料や小説との比較で「直訳度」が異なる点を指摘する。第4部では方言的要素について、会話文の中での九州方言語彙の用法を中国語との対照を通して見ていく。このような側面からは、従来の小説や洋学資料を用いた研究成果を補強、補足できると言えよう。

　第3部では、今につながる「です」のめばえについて扱う。『参訂漢語問答篇国字解』は「ましてござる」を多用する一方で、『総訳亜細亜言語集』等では「です」が多く現れている。第6章では、明治11（1878）年から明治21（1888）年までに著された9種の日本語・中国語会話集に用いられる「です」を分析することにした。今では、ですます体という言葉があるように、丁寧な言い方に「です」を使うのは当たり前になっている。ただ、本書で扱う時期は、必ずしもそうではなかった。「です」の上接語を分析すると、「スルデス」「ナルデス」「ユクデシタ」のような動詞直接形が11例現れていた。一方、「スルノデス」「オメニカカルノデシタ」のように準体助詞「の」を介する例が131例現れている。「深イデス」「メンドクサイデス」のような形容詞直接形は13例現れていた。一方、「早イノデス」「ヨイノデス」のように準体助詞「の」を介する例が30例現れている。これらは、松村（1990）による明治初年の洋学会話書の傾向と重なる部分と重ならない部分がある。小説や規範性を備えた教科書の類とも傾向を異にしている。形容詞直接形は形容詞丁寧表現の一種であり、規範的に認められるようになるのは戦後になってからであり、規範性を重視する内地の国定読本にはほとんど現れない。日本語・中国語会話集には、会話であるという点や口語で訳そうと意図した点から見ても、変化を先取りした用例が現れやすい下地がありそうである。

　以上、日本語学や日本語教育史の分野、ひいては、一般社会に貢献できる点を述べた。本書で分析した「です」や人称代名詞、方言的要素のほかにも、『参訂漢語問答篇国字解』には「イッサクサクバン」（一昨昨晩）というような文献に現れる古い方の例ではないかと思われる漢語が見られる。このような漢語の問題や振り仮名の問題等今後さらに解明できる余地も残されている。

第1部

日本語の資料として

第1章

『問答篇』『語言自邇集』をもとにした
『総訳亜細亜言語集』『参訂漢語問答篇国字解』の日本語

1　はじめに

　主に日本語学の立場から、『問答篇』・『語言自邇集』をもとにした中国語会話書である『総訳亜細亜言語集』および『参訂漢語問答篇国字解』を取り上げる。このふたつの資料については、園田（1998a）で、助動詞「です」が『総訳亜細亜言語集』に1040例、『参訂漢語問答篇国字解』に12例現れること等を示した。園田（1998b）では、『総訳亜細亜言語集』と『参訂漢語問答篇国字解』の日本語および中国語の対応例についても論じた。

　ただ、最近になって、これらの成立が今まで以上に詳しく分かってきたので、最新の成果を踏まえた上で、あらためて、日本語が現れる日本語資料として、どのように捉えたらよいのかを考察したい。

　その際、下記の点が重要になる。

　⑴　日本語訳文がもとにした中国語原文は何か。
　⑵　日本語訳文を作る際に中国語原文をどのように改変したのか。
　⑶　改変があった場合、日本語訳文が原文で、改変された中国語文は中国語訳文というふうには考えられないか。
　⑷　序や訳述方針の記述と実際の訳述が合致しているか。

　以上を考えながら、冒頭に現れる「學清語」（中国語を学ぶ、中国語の教えを請う）という1章分を全て比べて見ることによって、どのような資料であるか

を具体的に確認し考察したい。ちなみに、このような中国語を学ぶ場面については、同時期の日本の小説・雑誌等の資料で探そうとしても見つかりにくい。そうであるとすると、このような場面での会話の場合は、中国語会話書を資料として用いなければ、当時の日本語が解明できないことになる。場面ということで考えると、園田（2016a）で取り上げた『官話指南総訳』（明治38〈1905〉年刊）には、「この方（カタ）は我が新任の公使閣下です、親王殿下大臣各位に御挨拶の為に態々御出になりました。（第1章、187頁）」というような領事館での会話の場面が現れる。このような場面は、小説等の他の資料にはあまり現れず、現れたとしても、架空の設定である可能性が高いと思われる。一方、『官話指南』（明治15〈1882〉年刊）の中国語は実際に北京公使館に勤務した日本人が著したものであるため、実際の見聞に基づいた会話である可能性がある。多様な場面における会話の実態を明らかにすることは今後の課題である。

　発展的な課題として、隣接分野である日本語教育を考える際も中国語会話書は重要である。『増訂亜細亜言語集』（明治35〈1902〉年刊）「緒言」には、過去を述懐し、「…興亜学校其他編者ノ関係カラ支那語ヲ学ヒタル者ハ皆此亜細亜言語集ニ依リマシタ又編者ノ関係以外ニ於テモ此書ガ支那語ヲ学ヒ又ハ支那人等ガ日本語ヲ学フノ用ニ供ゼラレタルコトハ極メテ少ナカラヌコトト思ヒマス…」（4頁）とある。明治10年代から20年代にかけては、まだ整った日本語の教科書がなかったので、実際に多くの中国語母語話者が日本語学習のために使ったようである。その後、明治29（1896）年にはじめて清国留学生が派遣されてから、急激に留学生数が増え、『総訳亜細亜言語集』等も日本語学習に使われたようである。母語の知識を最大限活かせるという点で、常盤（2015）等まとまった先行研究がある英学会話書よりも中国語会話書の方が学びやすかったはずである。このような点については、関（1997）、関・平高（1997）、吉岡（2000）、『日本語教育史論考第二輯』刊行委員会（2011）、加藤・新内・平高・関（2013）等日本語教育史に関する専門書にも取り上げられておらず、今後検討すべき課題であると言えよう。

2　使用資料と著者・訳述者について

2. 1 『問答篇』『語言自邇集』とトーマス・ウェード

2. 1. 1 『問答篇』とトーマス・ウェード

【書名】 問答篇【問】

【刊年】 1860 年

【著者】 北京駐在英国公使館書記官トーマス・ウェード

（Thomas Francis Wade 威妥瑪　英国人　1818-1895）

【利用】 ハーバード大学燕京図書館蔵本：内田・氷野・宋（2015）所収影印本
文による。

【備考】 六角（1994）などではまだ『問答篇』の存在は知られていなかった。
『問答篇』は『語言自邇集』「談論篇」の草稿である。

2. 1. 1. 1　トーマス・ウェードについて

　トーマス・ウェードは、Thomas Francis Wade という英国人で、中国名は
威妥瑪である。1818 年に生まれ、1895 年に没した。北京駐在英国公使館書記
官として北京に駐在した。『問答篇』（『語言自邇集』「談論篇」の草稿）等の著作
があるが、最も著名な著書は『語言自邇集』（1867 年刊）である。この中国語
会話書の出版は、中国における共通語が、南京官話から北京官話へ転換しつつ
ある状況を反映したものである。この当時、北京官話によるまとまった中国語
会話書は、世界中で『語言自邇集』のみであり、世界に、とりわけ日本に多大
な影響を与えた。後述の福島九成などはトーマス・ウェードとも面識があった
と考えられ、かなり早い時期に、この『語言自邇集』を見る機会があった。

2. 1. 2 『語言自邇集』とトーマス・ウェード

【書名】 語言自邇集【語】

【刊年】 1867 年（初版）、明治 19（1886）年（第 2 版）、明治 36（1903）年（第 3 版）

【著者】 トーマス・ウェード

【利用】 内田慶市架蔵本（1867 年刊の初版）：内田・氷野・宋（2015）所収影印
本文による。

【備考】 中国における共通語は、南京官話から北京官話へと徐々に転換して
いった。北京官話の会話書である『語言自邇集』（初版）の出版は、

　　この状況を反映している。また、『語言自邇集』（初版）は、近代日本における中国語教育にも多大な影響を与えた著作である。

2.2　『総訳亜細亜言語集』と広部精

【書名】　総訳亜細亜言語集【総】【総日】

【刊年】　明治15（1882）年2月（巻四「談論篇」）

【訳述者（編者）】　広部精

　　　　　　広部精は、千葉の士族出身で、18歳（数え）まで千葉で過ごした後、東京に移り住み、これより7年の後25歳の時に『亜細亜言語集』を著すことになる。

【訳述方針】

　『語言自邇集』（初版）等をもとに、広部精により明治12（1879）年から明治13（1880）年にかけて編まれたのが『亜細亜言語集』である。この間の事情を、次に挙げる『亜細亜言語集』（初版）の「凡例」で見てみよう。

　　　①　此部多取英国威欽差選語言自邇集。及徳国繙訳官阿氏著通俗欧洲述古新編等書。以彙成一本。然間或有削彼字添此字。或有挙後件為前件。蓋以適邦人習読為順次。其不見于自邇集述古新編者。皆余所作也。切望後君子加訂正幸甚。（『亜』初版「凡例」）

　つまり、『亜細亜言語集』は、ウェード著『語言自邇集』とドイツの翻訳官（阿氏）の著した『通俗欧洲述古新編』等をもとに、日本人学習者の便を考え、一部改変した中国語の文、及び、広部精自身が作った文（中国語、日本語）から成っていることが窺える。この『亜細亜言語集』は七巻7冊に及ぶが、日本語の現れる箇所は第一巻の上欄「六字話」（1オ〜10ウ）と「散語四十章摘訳」（34オ〜43オ）の部分である。このうち「六字話」は凡例にいう「其不見于自邇集述古新編者」であり、「皆余所作也」ということになるので、広部精自身の著になる資料であることが判る。

　この『亜細亜言語集』全七巻のうち、巻一から巻四までの『通俗欧洲述古新編』及び「六字話」を除いた『語言自邇集』の部分のみを訳出したものが、明治13（1880）年から明治15（1882）年にかけて出版された『総訳亜細亜言語集』（初版）ということになる。

　成立の過程は、以上の通りであるが、それでは一体、広部精は、どのような日本語で訳述しようとしたのであろうか。彼自身、凡例等において、その訳述方針を述べているので、まずは、それらを見てみることにしよう。

　『亜細亜言語集』の「凡例」には、次のように記されている。

　　②　語之難解者。以本邦俗語。翻訳其意。或記諸巻末。或録諸別巻。以
　　　　供参観。…

つまり、「分かりにくい語については、日本の日常使われる口語で翻訳した。この口語訳を、巻末の「散語四十章摘訳」、及び、別に著した『総訳亜細亜言語集』に載せ、参照できるようにした」のである。

　また、『総訳亜細亜言語集』の「凡例」では、以下のように述べている。

　　③　先ツ本文ヲ記シ、後チ訳語ヲ録ス、訳語ハ尽ク俗語ヲ用ユ、

②③ともに「俗語」という語が使われている。当時にあっては、この「俗語」は「日常普通に使われる口語」を指し、文語に対する語であった。

　それでは、どのような「日常普通に使われる口語」を念頭においていたのであろうか。後に『増訂亜細亜言語集』（明治35〈1902〉年刊）「緒言」のなかで、以下のように述懐している。

　　④　…敬宇先生カラ在清国ノ英公使ウエード氏ノ語言自邇集ヲ贈ラレマ
　　　　シタ之ヲ主トシテ支那官話ノ一書ヲ編輯シ亜細亜言語集支那官話部
　　　　ト名ケタノガ明治十年デアリマシタ又学生ノ自習了解ニ便センガ為
　　　　メ古来ノ訳例ヲ破リ俗語ヲ以テ一種ノ新例ヲ開キ其全部ヲ翻訳シ総
　　　　訳亜細亜言語集ト名ケマシタ其後支那語ノ訳語ハ自然ニ此新例ガ通
　　　　例トナリマシタ様デス

自習書、教科書として用いるのであるから、方言よりは共通語、古語よりは同時代語を目指していたはずである。

　以上、簡単にまとめると、『亜細亜言語集』『総訳亜細亜言語集』に使用される日本語には、「俗語」すなわち「日常普通に使われる同時代の口語」が使われており、これは、おそらく「東京語を基盤とした共通語」を意図したものであると言えよう（園田 1997）。

【利用】国立国会図書館蔵本（初版本）

2. 2. 1　広部精について

　六角（1988）ほか『日本現今人名辞典』[1]等各種人名辞典を参照した。広部精は、安政元（1854）年7月11日に、上総国に請西（じょうざい）藩士広部周助の三男として生まれた[2]。精自身も後に千葉県士族となる。18歳（数え）まで千葉で過ごした後、東京に移り住み、これより7年の後25歳の時に『亜細亜言語集』を著すことになる。中国語は周幼梅に習った。福島九成が雄藩である佐賀藩の出身であったのとは対照的に、広部精は、佐幕派に属しており、賊となった維新後は恵まれなかった。このことが、衰退する亜細亜へ目を向けていったという考えがある（六角1988）。

2. 3　『参訂漢語問答篇国字解』と福島九成

【書名】　参訂漢語問答篇国字解【参】【参日】

【成立年】　明治7（1874）〜明治11（1878）年

　　　　　　廈門滞在中（明治7年〜明治11年）に書かれた。

【刊年】　明治13（1880）年9月

　　　　　（発兌書林：丸善書舗〈東京〉、同支店〈大坂〉）

【訳述者（編者）】　福島九成

【訳述方針】

　序の中に日本語訳の方針を述べた部分があるので、見てみよう。

　　　　⑤　…惜夫、初學者未易暢曉也。茲不揣孤陋、譯以我邦音義、其與我邦語言不相符者、畧爲刪改、間補己意、共得百三章、付之剞劂。

　　　　（〈『語言自邇集』「談論篇」は〉惜しいことに、初学の者には、そのままでは理解できない。そこで、見識が浅いのも顧みず、我が国の言葉で訳し、原文が我が国の言語と噛み合わないものは、ほぼ削除し、代わりに、私自身が考えた文意を補って、もと百章のものを百三章にして上梓した。）

　このような、日本全国の初学者に向けて書かれた日本語の訳文の中に、辞書

1　日本現今人名辞典発行所（1900）『日本現今人名辞典』日本現今人名辞典発行所

2　この生年月日は戸籍記載のもので、本人の記述等によると安政2（1855）年12月19日生まれだという（六角1988）。

に記載されたことのない言葉、あるいは、当時の他の文献にはなかなか現れないような訳語が認められる（園田 1998b）。

【利用】国立国会図書館蔵本（初版本）

2. 3. 1　福島九成について

　福島九成は、これまでの中国語教育史の研究では、詳しく触れられていない。ただ、本研究では、重要な位置を占めるため、福島九成の生い立ち[3]を含め、少々詳しく記す。

　福島九成は、天保 13（1848）年 6 月 9 日[4]、佐賀藩士である著名な漢学者福島文蔵（金立村出身、号金岡）の長男として、肥前（佐賀県佐賀市石長寺小路）に生まれ、幼くして漢学に親しんでいる。佐賀藩の藩校である弘道館、および、佐賀藩が長崎に設立した藩校である致遠館[5]で学んだ[6]。

　佐賀藩軍政事務に携わった後、明治元（1868）年、戊辰戦争時、奥州征討に従軍する。明治 4（1871）年 5 月から明治 6（1873）年にかけて清国に留学した。この時一緒に赴いた者として、薩摩藩士児玉利国、吉田清貫、池田清輝、小牧昌業、佐賀藩士成富清風等がいた。『対支回顧録』（下巻）には、福島九成の留学中の行動が次のように記されている。引用は東亜同文会内対支功労者伝記編纂会（1936）『対支回顧録』（下巻）による。

　　留学中君は樺山（資紀）少佐（後伯爵海軍大将）に知られて、南支に探査旅

3　久保（1942）『佐賀県翼賛叢書　第五輯　郷土出身興亜先賢列伝』（大政翼賛会佐賀県支部発行）、東亜同文会内対支功労者伝記編纂会（1936）『対支回顧録　上巻・下巻（明治百年史叢書第 69・70 巻）』東亜同文会内対支功労者伝記編纂会（代表者中島真雄）、日本史籍協会（1927）『百官履歴』（日本史籍協会叢書第 175・176 巻）（日本史籍協会代表者森谷秀亮）、手塚（1992）『幕末明治海外渡航者総覧　第 2 巻　人物情報編』（柏書房）、日本歴史学会（1981）『明治維新人名辞典』吉川弘文館（日本歴史学会代表者坂本太郎）ほか、各種人名辞典を利用した。
4　手塚（1992）『幕末明治海外渡航者総覧　第 2 巻　人物情報編』（柏書房）272 頁による。
5　佐賀藩が慶応 3（1867）年「蕃学稽古所」として設置し、慶応 4（1868）年「致遠館」と改められた。英学を学ぶための藩校で、同じ時期に、済美館（広運館）で英語を教えていたオランダ人宣教師ガイド・フルベッキが英語の教師を務めた。明治 2（1869）年 4 月、フルベッキが上京したため閉館。
6　安岡（2010）『幕末維新大人名事典　下巻』（新人物往来社）372 頁「福島九成」（安岡昭男執筆）の項目による。

行に出る事になつたが、当時清国内地を、特に外国人の身で探査し旅行す
るは容易な業では無かつた。苦心旅行中に偶々邂逅したのは画家の安田老
山であつた。…中略…君は老山に懇請して絵の弟子となり、南清より台湾
に渡つて各地の山川を跋渉し、窃かに地理を実測する傍ら、又人情風俗を
視察して明治六年一先づ日本に帰つた。君の此行こそは、官命による台湾
視察の嚆矢であつて、此行黒岡季備も同行したが、其の齎らし来たつた調
査報告は、大に時の当路者の鑒識に叶ひ、勧められて武官より文官に転じ、
領事として廈門に駐在する事となつた。これは明治七年春の頃である。君
が老山に従つて南清各地を旅行中、其師の助力を得て作製したと云ふ台湾
地図は、明治七年征台の役、西郷（従道）都督が携行せられて非常に役に
立つたものだと云ふが、…（78頁）

　明治6（1873）年に帰国した後は、明治7（1874）年陸軍少佐となり、熊本鎮
台在勤中、領事兼務として廈門駐在を命じられた。この頃の活躍ぶりを、『対
支回顧録』（下巻）では、次のように記す。

　　　征台の役は人の知るが如く、清国より償金五十万両を得て局を結び、大
　　久保内務卿は談判後、廈門を経て台湾に至り、西郷都督を説いて兵を収め
　　しめたが此際の接洽は一切君の手に成つた。
　　　大久保内務卿に先だち、当時の駐箚公使柳原前光卿が清廷と談判した時
　　は、君は裏面に於てのみならず屢々表面に立つて活動した。明治七年八月
　　十三日の会見には君も列席して談論を交して居るが、其模様は幸に貴族院
　　議員中村純九郎が詳細に書留られたものがある。氏の好意により左に転載
　　する。（79頁）

　このように述べ、縦書きなので、「左に」とあり、柳原前光公使、鄭永寧書
記官、田辺太一外務四等などの発言が記される中に、福島の発言も多々ある。
一例を示すと以下のとおりである。

　　　（福島九成）拙者ハ当春廈門領事ニ被任西郷中将ヨリ福建総督ヘノ照会
　　ヲ齎ラシ、続イテ台湾ニ渡リ、ソレヨリ上海ニ来リ、今度田辺入京ニツキ
　　同道参リ候。（79頁）

　これは、話したとおりか話した趣旨を書き取ったものか不明であるが、いず
れにしても、当時の外交の様子を記した貴重なものである。『対支回顧録』（下

巻）は次のように述べる。

　　　当時の外交談判の模様歴々眼に在ると共に、君が颯爽たる風采と弁論と
　　　は、殊に興味を惹くものあるを覚えしめる。樺山少佐は前に述べたる如く、
　　　君が留学中君を看出し君をして後の言葉で言ふ特別任務に奔走せしめた知
　　　己の一人であつたが、少佐の日記には福島の名処々に散見し、君が深く少
　　　佐に頼まれた事がよく知悉せられる。（83頁）

　そして、台湾出兵の折には、一参謀として功を立てている。『対支回顧録』
（下巻）は続ける。

　　　征討軍は容易に目的を達したが、撤兵談判は捗々しからず。竟には大久
　　　保内務卿が親しく出馬して清政府と直接折衝するに至り、内務卿は八月六
　　　日横浜出発九月十日北京に到着し、二十三日より交渉を開始したが、君は
　　　此時北京に在り、樺山少佐の意を受けて屡々内務卿に進言したと云ふ。十
　　　月十八日、二十、両日の談判は賠償金と撤兵と、之に関する約定書との問
　　　題で、殆んど談判破裂と思はれたが、二十六日英国公使トーマス・ウエー
　　　ドの調停により、清国遂に譲歩して談判はここに成立し、三十一日条約の
　　　調印交換の事も終つたので、大久保全権は直に台湾へ回航する事となり、
　　　君も之に随行し、次で廈門に還つた。（83頁）

　この記述から、福島九成は、当然のことながら北京にも詳しく、『語言自邇
集』の著者であるトーマス・ウエードとも面識があったと考えられる。『対支
回顧録』（下巻）は続く。

　　　明治八年四月八日正式に廈門領事に任じ館務を処理して居たが、明治十
　　　三年辞して東京に帰り、大隈重信に挽かれて大蔵省書記官に任じ、後内務
　　　省書記官となり権大書記官を経て、明治十六年青森県令に任じ、同十九年
　　　退官し、後対米貿易に従事した。（83頁）

　明治13年に職を辞し帰国すると、直ちに、『参訂漢語問答篇国字解』を出版
する。この時、長崎県士族と記されているが、当時の長崎県は現在の長崎県と
佐賀県を含むものであった。

3　資料の成立に関する先行研究

　以上、序の文なども見てきたが、広部精は『問答篇』には触れていない。内田（2015）は「広部精が『問答篇』を見ていた事実はほぼ疑いのないものであるが、何故彼はその書名に触れることをしなかったのかが謎として残る。あるいは、『問答篇』をそのまま取り入れた『語言自邇集』の別の版本もしくは「試用本」の類が存在したのかもしれない」という。

　氷野（2015）は『亜細亜言語集』と『参訂漢語問答篇国字解』の成書過程について、以下の可能性を考えている。

　(1)　編纂時に『問答篇』と『語言自邇集』「談論篇百章」の両方が参照された。
　(2)　『問答篇』と『語言自邇集』の中間に位置づけられる何らかの版本が存在した。

4　中国語原文改変の実態と日本語訳文の性格について

　トーマス・ウェードによる『問答篇』（1860 年刊）は、著者自身の修正により、『語言自邇集』「談論篇」となり、1867 年に中国で上梓される。さらにこれらをもとにした『総訳亜細亜言語集』「談論篇」、『参訂漢語問答篇国字解』が日本で出版されることになる。

　以下、『語言自邇集』「談論篇」100 章のうちの第 1 章について、『問答篇』（【問】）、『語言自邇集』（【語】）、『総訳亜細亜言語集』の中国語部分（【総】）、『参訂漢語問答篇国字解』の中国語部分（【参】）、『総訳亜細亜言語集』の日本語部分（【総日】）、『参訂漢語問答篇国字解』の日本語部分（【参日】）の順に記す。原文は全て縦書きであるが、横書きにして示した。ちなみにこの章は『参訂漢語問答篇国字解』では 103 章のうちの第 50 章「學清語」となっている。冒頭から最後までの全文を〈表 1〉から〈表 15〉に分けた。

　『語言自邇集』を基準にして、これと異なる[7]中国語の部分を〈表 1〉「要」のように囲って示した。日本語訳文が『語言自邇集』の中国語原文に対応しな

7　なるべく大きな違いから見ていきたいと考えている。そのため、今回は字体等の違いについては、〈表 1〉「你」「儞」のように出来得る限り区別して示したが、言及はしなかった。また、〈表 4〉【参】の「看」は「着」であるとの正誤表がある。今後の課題としたい。

い場合には〈表1〉「コトバ」のように二重下線を引いた。これに相当するもうひとつの日本語訳文には〈表1〉「書物」のように一重の下線を引いた。

4.1 『語言自邇集』「談論篇」第1章（『参訂漢語問答篇国字解』第50章「學清語」）の対照

二人の対話により話が展開する。知識人（日本で言えば士族[8]）同士の相互に尊敬し合った丁寧な会話である。

〈表1〉

問	我聽見説、你如今・學滿洲書呢麼、很好、滿洲話、是咱們
語	**我聽見説、你如今・學滿洲書呢麼、很好、滿洲話、是咱們**
總	我聽見説、你如今・學滿洲書呢麼、很好、滿洲話、是咱們
參	我聽見説、儞如今要學滿洲話・・、狠好、滿洲話、是咱們
總日	私ガ話ヲ聞クニ、ヲマヘハ只今滿洲ノ書物ヲ稽古スルソーダガ、極（ゴク[9]）好（ヨ）イコトデス、滿洲ノ話ハ御互共ノ
參日	ウケタマワレバ、オマエハ、コノセツ、マンチユウコトバヲ、オマナビナサル、オツモリノゴヨウス、マコトニ、ケツコウナオコトデゴザリマス、マンチユウコトバハ、オタガヒノ、

〈表2〉

問	頭等頭兒的、要緊的事情、就像漢人們、各處兒各處兒的郷談、
語	**頭一宗兒・要緊的事情、就像漢人們、各處兒各處兒的郷談**
總	頭一宗兒・要緊的事情、就像漢人們、各處兒各處兒的郷談
參	頭一宗・[10]要緊的事・、・・・・・　・・・・・
總日	一番（イチバン）肝要（カンエウ）ノコトデス、ソレハ漢人共ガ各處（トコロ）々々ノ土話（ドワ）ト
參日	コノウエナキダイジナコトデ、

8　幕末から明治期における士族の言葉との関わりについては今後の課題である。
9　原文に振り仮名があるものは「極（ゴク）」のように丸括弧を用いて示した。
10　兒を多用するのは北京方言あるいは北京官話の特徴である。これに対し、『参訂漢語問答篇国字解』では兒を省いている。この解釈としては、福島九成が赴いた廈門方言の影響や、一般に兒化しにくい中国南方語、南京官話の影響等が考えられる。

〈表 3〉

問	是一個樣兒、不會・・使的麼、是、可不是麼、
語	・一個樣兒、不會・・使得麼。・　可不是麼、
総	・一個樣兒、不會・・使得麼、是、可不是麼、
参	・・・・・　不會怎麼使得・。・　可不是麼、
総日	同ジ様デスカラ、出來ナケレバイケマセン[11]ヨ、是（ヘイ）、左様デゴザリマスヨ、
参日	ソレガ、デキズニハ、ドウモスミマセヌ[12]、ソウデゴザリマストモ、

〈表 4〉

問	我念了十幾年的・漢書、至・今　還摸不着　一點兒頭緒兒呢、
語	我念了十幾年的・漢書、至・今　還摸不着　一點兒頭緒・呢、
総	我念了十幾年的・漢書、至・今　還摸不着　一點兒頭緒兒呢、
参	我念了好幾年的滿洲書、到如今、還摸不着、一點兒頭緒・・、
総日	私ハ十幾年ホド漢（シナ）ノ書物ヲ讀ミマシタガ、今ニナツテモ、マダ少シモ頭緒（イトグチ）ガ分リマセン、
参日	ワタクシハ、ナンネント、マンチユウノシヨモツヲ、ヨミマシテゴザルガ、イマニ、マダスコシモ、コ、トイフスヂヲ、サグリアテマセヌ、

〈表 5〉

問	若再不念滿洲書、不學繙譯、兩下裡都忸怩咯、因爲這麼着、
語	若再不念滿洲書、不學繙譯、兩下裏都忸誤咯、因爲這麼着、
総	若再不念滿洲書、不學繙譯、兩下裡都恥怩咯、因爲這麼着、
参	若再不學滿洲話、豈不是・　兩下裡都忸怩了、因爲這麼着、
総日	若シ再（マ）タ滿洲ノ書物モ讀マズ、繙譯（ホンヤク）スルコトモ稽古セストキハ、雙方（サウハウ）ノコトガ皆ナ差支（サシツカヘ）ニナリマス、ソレデスカラ、
参日	モシコノウエ、マンチユウノコトバモ、マナバズニハ、ドチラモ、ミンナ、シソンジテ、シマウワケデハ、ゴザリマセンガ、ミギノシダイデ、ゴザリマスカラ、

11　中国語会話書における「ネバナラヌ類」については、園田（2018c）で考察した。

12　園田（2018c）で周辺的当為表現の例として中国語の「不～使得麼」、「把不得〈巴不得〉」、「不得不」「不可不」等と日本語の「ズニハスミマセヌ」との関係を論じた。

〈表6〉

問	我一則來瞧瞧哥哥、二則我還有・求哥哥的去處兒呢、
語	我一則[13]來瞧瞧兄台　二則・還有奉求・・的事情・呢、
總	我一則來瞧瞧哥哥[14]、二則我還有奉求・・的事情・呢、
參	我・・來瞧瞧老哥　・・・・・奉求・・一件事・・、
總日	私ハ一ニハ兄様（アニサン[15]）ニ御目（オメ）ニカ、リニ來タノデス、二ニハ私ハマタ御願ヒ申シタイコトガ有ルノデスヨ、
參日	ワタクシハ、ヒトコト、オネガヒモウシタク、オタヅネイタシマシテゴザル[16]、

〈表7〉

問	只是怪難開口的、這有甚麼・呢、有話請説、若是我能殼
語	只是怪難開口。這有甚麼難呢、有話請説、若是我・・
總	只是怪難開口的、這有甚麼・呢、有話請説、若是我能殼
參	只是・難開口。那有什麼難的、有話請説、若是我能・
總日	シカシ怪（ドー）モ申シ上ゲカネルノデス、コレハ何デスカ、話ガアルナラバ御説（オハナシ）ナサレ、若モ私ノニ
參日	シカシ、ジツニ、モウシアゲカネタオコトデ、ゴザリマス、ソレハ、ナンノイヒカネルコトガ、ゴザリマセウニ、オハナシガアルナラ、ドウゾオハナシナサレ、モシ、ワタクシデ、

---

13 『問答篇』『語言自邇集』『總訳亜細亜言語集』そろって「一則」「二則」、「一ニハ」「二ニハ」という表現を使っている。一方、『參訂漢語問答篇国字解』では、よく言えば簡潔な、悪く言うと曖昧な日本語の文があり、これに対応する形で、中国語文が改変されている。この例などは、日本語的発想によって日本語文が先にでき、この日本語文に合わせて中国語を大幅に改変したとも考えられる。

14 『總訳亜細亜言語集』は『問答篇』と同じく「満語（旗人語）」の人称代名詞を用いているが、『語言自邇集』では用いられていない（内田 2015）。

15 「兄様（アニサン）」のような親族呼称の研究は重要である。小松（2016）の中で、德冨蘆花『不如帰』（明治 33 年刊）の「爺（おやぢ）」に関する考察がある。『亜細亜言語集』「六字話」（中国語・日本語ともに広部精の著作）には「家父托您的福　ヲヤヂハ、ヲカゲテ、ブジデ、ゴザヒマス」（6ウ）という例が見られる。

16 『參訂漢語問答篇国字解』全体で、マシテゴザル180例、テゴザル21例、マシテゴザリマス23例が認められた。明治期中国語会話書の言葉に、飛田（1992）に指摘されている小学校の「指定教科書」「準検定教科書」「第一次検定教科書」（明治6～37年）の言葉がどのように反映されているかについては、今後の課題である。

〈表8〉

問	做得來的事・、你跟前、我還推辭麼、我所求的、是哥哥
語	做得來的事情、咱們倆、我還推辭麼。我所求的、是你納
總	做得來的事・、你跟前、我還推辭麼、我・求的　是哥哥
參	做得來的事・、咱們・、那有推辭呢。・・・・・、倆吶
總日	出來ル事ナラバ你（オマヘ）ノ前（マヘ）デ私ガ推辭（コトワリ）マスモノデスカ、私ノ御願（オネガ）ヒハ兄樣（アニサン）ニ
參日	デキマスコトナラ、オタカヒノナカニ、ナンデ、オコトワリスルコトガ、ゴザリマセウ、アナタ、

〈表9〉

問	疼愛我、就是勞乏些兒、可怎麼樣呢、抽・空兒
語	疼愛我、就是勞乏些兒、可怎麼樣呢、抽・空兒
總	疼愛我、就是勞乏些兒、可怎麼樣呢、抽・空兒、
參	疼愛我、就是勞疼倆・、・・・・・、抽點空兒、
總日	私ヲ可愛（カワイ）ガツテモラヒタイノデスガ、ソレハ、少シ御骨折（オホネヲリ）ヲカケルノデスカラ、如何（ドウ）イタシマシヤウカ、御手透（オテスキ）ヲ見合（ミアハ）セテ
參日	ソレホド、オモウテ、クダサレマスガ、サシツケ、ゴメンドウニ、ゾンジマスケレドモ、チト、オヒマヲモツテ、

〈表10〉

問	給我編幾個話條子、・我念、兄弟若能敎成了人、都是哥哥所賜的、
語	給我編幾個話條子　・我念、兄弟若能敎成了人、都是兄台所賜的、
總	給我編幾個話條子　・我念、兄弟若能敎成了人、都是哥哥所賜的、
參	・・編幾個話條子　給我念、・・・・・・・、・・・・・・・、
總日	私ニ幾個（イクツ）カ話ノ本（ホン）ヲ編（コシラ）ヘテ讀（ヨマ）セテクダサレ、兄弟（ワタクシ）ガ若シ人ニナルコトガ出來レバ、皆ナ兄樣ノ所賜（オカゲ）デスカラ、
參日	ニサンゴヅゝ、アミタテ、ヨマセテクダサレ、

〈表11〉

問	我永遠不敢忘・・・・、・・・・・、了恩哪、
語	我再・不敢忘・・・・、・・・・・、了恩[17]哪、
総	・永遠不敢忘・・・・、・・・・・、了恩哪、
参	我・・不敢忘儞吶的恩、若我能觳成了功、・・・、
総日	イツマデモ決シテ御恩ハ忘レマセンヨ、
参日	ワタクシハ、ケッシテ、ゴオンヲワスレハ、イタシマセヌ、モシ、ワタクシガ、ヨクシアゲマシタラ、

〈表12〉

問	必定重報的、你怎麼這麼説呢、你是外人麼、只是怕你不肯學、
語	必要重報的。你怎麼這麼説呢、你是外人嗎、只・怕你不肯學、
総	必定重報的、你怎麼這麼説呢、你是外人麼、只是怕你不肯學、
参	必要重報的、儞怎麼・・説的、儞是外人嗎、・・・儞・・・、
総日	決度（キット）厚ク御禮（オレイ）ヲイタシマス、你ハ何（ナ）ゼコンナコトヲ申スノカ、你ハ他人デスカ、只ダ你ガ稽古スル氣ノナイノヲ心配イタスノデス、
参日	ゼヒ、オモク、ゴオンヲ、ムクユルフクミデ、ゴザリマス、ナントオイヒナサレマス、オマエハ、タニンデデモ、ゴザリマスカ、

〈表13〉

問	既然你要學、巴不得的、叫你成人呢、説報恩的・、
語	既然・要學、巴不得・　教你成人呢、説報恩・・
総	既然你要學、巴不得的、教你成人呢、説報恩的・・
参	既・・要學、把不得・　教儞成功・・・報恩的話、
総日	既然（カヤウ）ニ你ガ稽古スル氣ナラバ、ドウカシテ你ヲ人ニ成（シ）テヤリタイト願フテ居ルノデスヨ、恩ヲ報ズルト云フノハ
参日	オマエガ、マナビタヒオノゾミナラ、ドウカシテ、シアゲテアゲズニハ、スミマセヌ、オンホウジナドハナシハ、

17　日本で普及していたと考えられている『清語階梯 語言自邇集』「談論篇百章之一」（明治13年刊、慶應義塾出版社、利用は六角〈1993〉による）と『語言自邇集』（初版）を比べると唯一この字だけが前者で「思」になっていた。誤字と思われる。

〈表14〉

問	是甚麽話呢、咱們自己人裡頭、説的・麼。若是這麽着、
語	是甚麽話呢、咱們自己人・・、説得・嗎。若是這麽着、
総	是甚麽話呢、咱們自己人裏頭、説得・嗎。若是這麽着、
参	是・・・・、咱們兄弟・・・、説的話麽。若是這様着、
総日	何ノ話デスカ、御互共自己ノ間（アヒ）ダ柄（ガラ）デ説（ハナサ）レルコトデスカ、若シ此様（カヤウ）デゴザリマスレバ、
参日	オタガヒ、コヽロヤスヒナカニ、イウコトバテ、ゴザリマスカ、モシ、サヨウナオコトデ、ゴザリマスナラ、

〈表15〉

問	我就感激不盡了、只好給哥哥磕頭咯、還有甚麽・説的呢。
語	我就感激不盡了、只好給兄台磕頭咯、還有甚麽・説得呢。
総	我就感激不盡了、只好給哥哥磕頭咯、還有甚麽・説得呢。
参	我・感激不盡了、只好給老哥磕頭・、還有什麽話説・・。
総日	私ハソレハ有（ア）リ難（ガタ）クテタマリマセン、只ダ兄様ヘ磕頭（オジギ）ヲスルバカリデス、マタ何モ説（ハナ）スコトハ有（ゴザ）リマセンヨ、
参日	ワタクシハ、カギリモナク、アリガタクゴザリマス、タヾ、アナタニ、オレイヲイタスヨリホカ、ベツニ、ナントモ、モウシアゲルコトハ、ゴザリマセヌ、

5　まとめと今後の課題

　以上、『問答篇』（1860 年刊）、『語言自邇集』（1867 年刊）、『総訳亜細亜言語集』「談論篇」（明治 15〈1882〉年刊）、『参訂漢語問答篇国字解』（明治 13〈1880〉年刊）の本文を対照した。依然、トーマス・ウェード（威妥瑪）の著作がどのように日本に伝わったか等未解明の点が多々ある。ただ、広部精や福島九成は、中国語原文も一部独自に改変しながら日本語訳文を作っていった。特に福島九成の場合は、序の訳述方針に違わず、福島九成が考えた文意を補って、日本語文とそれに対応した中国語文を記していることが確かめられた。現時点では、「1　はじめに」の「(3) 改変があった場合、日本語訳文が原文で、改変された中国語文は中国語訳文というふうには考えられないか。」という問いには、少なくとも一部分がこれに相当すると答えることができる。一部分でもこのような捉え方ができるような「整った」日本語を念頭に置きながら日本語文を作ったとも言える。こう考えると、明治初期の日本語資料として、ある側面を映し出した資料として一考の価値があるといえよう。さらに、一例として「學清語」という 1 章全体を詳しく見た。さまざまな章のなかには、日本の一般の小説や雑誌には現れない場面の会話が多数出てくる。このため、本章で取り上げた中国語会話書は、明治初期の多様な場面における日本語の話し言葉を考える際に欠かせない日本語資料としての価値を持っていると言える。

第2部

人称代名詞の有無と用法

第2章

明治前期から昭和前期までの中国語会話書9種における
一・二人称代名詞の直訳度

1　はじめに

　日本では、明治9（1876）年、江戸時代以来続いた唐話（南京官話）の教育から、北京官話の教育へと転換する。これは、中国における共通語が、南京官話から北京官話へ推移したことによるものである（園田 1997）。北京官話による中国語会話書としては、トーマス・ウェード（イギリス人）による『語言自邇集』（1867年刊）や呉啓太・鄭永邦（ともに長崎唐通事の流れをくむ日本人）による『官話指南』（明治15〈1882〉年刊）が広く知られている。

　本章の目的は、中国語会話書に見られる日本語訳文の性質を明らかにすることにある。そのための手がかりとして、明治9（1876）年以降昭和20（園田 1945）年まで[18]の中国語会話書のうち主要な9種を資料とし、一・二人称代名詞の直訳度[19]を調べる。

2　調査資料

　調査した資料は以下の9種である。表等での書名は適宜以下に示した略称で

18　日本では、北京官話教育へ転換する明治9年と学習目的等が大きく変わる昭和20年が大きな画期となっている。江戸時代以来の唐話との関連については別の機会に触れたい。
19　直訳度は金子（2000）の用語である。

記す。『語言自邇集』（初版）をもとにしたものが(1)亜、(2)総亜、(3)参であり、『官話指南』の改訂版である『改訂官話指南』（明治36〈1903〉年5月刊）をもとにしたものが(5)指総である。このほか当期によく使われた中国語会話書としては『急就篇[20]』（宮島大八著）があり、この総訳本が(9)急総（宮島大八著）である。宮島大八は多数の中国語会話書を著したが、日本語訳文も載っている資料は(9)急総のほかには(4)支しかない。また、『急就篇』に改訂する前の『官話急就篇』（宮島大八著）をもとにした(6)官総、(7)官詳、(8)基礎も調べ、(4)支とあわせてさまざまな観点（同一人物の異なる資料間の差異、同一資料の訳者による差異）から考察できるようにした。

(1)亜・『亜細亜言語集』・明治12（1879）年6月刊、東北大学狩野文庫蔵本（初版本）使用。広部精（千葉県出身、士族）。『語言自邇集』（初版）をもとにしている。本文は中国語文のみであるが、付録的な「六字話」と「散語摘訳」に限って、中国語文と日本語訳文が併記されている。園田（1997）参照。

(2)総亜・『総訳亜細亜言語集』・巻之一（明治13〈1880〉年4月刊）、巻之二（明治13〈1880〉年5月刊）、巻之三（明治13〈1880〉年8月刊）、巻之四（明治15〈1882〉年2月刊）、国立国会図書館蔵本（初版本）使用。広部精。『語言自邇集』（初版）をもとにし、中国語文と日本語訳文が併記されている。園田（1997）参照。

(3)参・『参訂漢語問答篇国字解』・明治13（1880）年9月刊、六角（1991）所収複製本（初版本）使用。福島九成（佐賀県出身、士族〈旧長崎県士族〉）。『語言自邇集』（初版）をもとにし、中国語文と日本語訳文が併記されている。園田（1998）参照。

(4)支・『支那語独習書』・明治33（1900）年9月刊、六角（1991）所収複製本（初版本）使用。宮島大八。中国語文と日本語訳文が併記されている。

(5)指総・『官話指南総訳』・明治38（1905）年1月刊、六角（1992）所収複製本使用。呉泰寿（唐通事の家系）。『官話指南』の改訂版『改訂官話指南』

20　後掲【表4】にも示した附篇（家庭常語、応酬須知）のみ張廷彦編となっている。

（調査に当たっては山形大学図書館蔵本を使用）をもとにしている。日本語訳文のみ。園田（2016）参照。

⑹官総・『官話急就篇総訳』・大正 5（1916）年 7 月刊、六角（1992）所収複製本使用。杉本吉五郎。明治 39（1906）年 9 月に増訂された『官話急就篇』増訂四版をもとにしている。日本語訳文のみ。園田（2017a）参照。

⑺官詳・『官話急就篇詳訳』・大正 6（1917）年 9 月刊、六角（1992）所収複製本使用。大橋末彦。明治 37（1904）年 8 月刊『官話急就篇』（初版）の増訂版である増訂四版をもとにしている。日本語訳文のみ。園田（2017a）参照。

⑻基礎・『急就篇を基礎とせる支那語独習』・大正 13（1924）年 12 月刊、六角（1992）所収複製本（初版本）使用。打田重治郎。『官話急就篇』増訂四版をもとにし、中国語文と日本語訳文が併記されている。園田（2017a）参照。

⑼急総・『急就篇総訳』・昭和 9（1934）年 7 月刊、六角（1992）所収複製本使用。宮島大八（東京育ち、父親は米沢藩士）。『官話急就篇』を昭和 8（1933）年 10 月に改訂した『急就篇』（調査に当たっては架蔵本を用いた）をもとにしている。日本語訳文のみ。園田（2017a）参照。

3　人称代名詞の直訳度

3. 1　調査方法

　中国語文の一人称代名詞「我」「小的」「我們〈複数形〉」、および、二人称代名詞「你」「你納（你吶）」「您」「您納」「你們〈複数形〉」が日本語訳文の一・二人称代名詞にどのくらい対応するかを調べ、その対応する度合いを直訳度として提示し考察した。中国語の一・二人称代名詞あるいはこれに準じる語は多数あり、実際に日本語の一・二人称代名詞に対応して訳された例も見られるが少数である。また、日本語訳文のみに一・二人称代名詞が現れ、中国語文には、相当する語が見当たらない例もわずかに見られた。これらの少数例は、調査対象に加えても加えなくても直訳度に大きな影響を与えないことを確認したので、本節では割愛した。

3.2　中国語会話書9種における人称代名詞の直訳度

　【表1】に、一人称代名詞、二人称代名詞、そしてその合計である一・二人称代名詞の順に、対応がある例数、対応がない例数、および、直訳度を示した。資料の全体を調査したものには「全体[21]」、一部を調査したものには「一部[22]」と記した。中国語会話書の直訳度は小数第1位を四捨五入して整数で表した。

【表1】中国語会話書9種における人称代名詞の直訳度

		一人称			二人称			一・二人称合計		
		○	×	直訳度	○	×	直訳度	○	×	直訳度
(1)亜	（全体）	47	1	(98%)	39	1	(98%)	86	2	(98%)
(2)総亜	（全体）	676	5	(99%)	468	2	(100%)	1144	7	(99%)
(3)参	（全体）	444	179	(71%)	413	188	(69%)	857	367	(70%)
(4)支	（全体）	27	2	(93%)	40	8	(83%)	67	10	(87%)
(5)指総	（一部）	40	22	(65%)	40	25	(62%)	80	47	(63%)
(6)官総	（一部）	22	0	(100%)	36	2	(95%)	58	2	(97%)
(7)官詳	（一部）	22	0	(100%)	38	0	(100%)	60	0	(100%)
(8)基礎	（一部）	22	0	(100%)	37	1	(97%)	59	1	(98%)
(9)急総	（全体）	124	209	(37%)	111	356	(24%)	235	565	(29%)

(○：対応あり。×：対応なし。)

　全体として、一人称代名詞と二人称代名詞は、同一資料内では似たような傾向を示している。そのため、一・二人称代名詞としてまとめて考えてよさそうである。一・二人称代名詞の直訳度を見ると、極めて高いもの（(1)亜、(2)総亜、(6)官総、(7)官詳、(8)基礎）、高いもの（(4)支）、中間的なもの（(3)参、(5)指総）、低いもの（(9)急総）に分けられる。極めて高いものは、ほぼすべて直訳されている。高いものはこれに準じ、9割程度が直訳されている。中間的なものは、6割から7割程度。低いものは3割程度であった。この結果は、他の資料と比べると明確になってくる。

3.3　洋学資料および小説（会話文）の直訳度との比較

21　全体調査であっても、単語の列挙や漢詩、昔話等が現れる箇所は対象外とした。
22　(5)指総は、第二巻第1～5章、(6)官総、(7)官詳、(8)基礎は「問答之上」のみ調べた。

　金子（2000）による先行研究で、【表2】のように洋学資料の直訳度が明らか
になっている。洋学資料で挙げられている5種の資料は、文久3（1863）年か
ら明治21（1888）年までのものである。全体として、中国語会話書の直訳度は
高く、洋学資料の直訳度は低い。中国語会話書で直訳度が中間的なもの（(3)参、
(5)指総）と洋学資料の「ブラウン[23]」が同程度といえる[24]。英語、中国語、日
本語の間での一・二人称代名詞の多寡が関係している可能性もある。

　さらに、明治・大正期における小説（会話文）の直訳度相当値[25]は2割強と
考えられるので、中国語会話書で直訳度が低いもの（(9)急総）が最もこれに近い。

【表2】洋学資料における人称代名詞の直訳度

	一人称				二人称			
	対応あり		対応なし		対応あり		対応なし	
ブラウン	246	（74.5％）	84	（25.5％）	146	（63.8％）	83	（36.2％）
サトウ	57	（6.6％）	807	（93.4％）	39	（6.7％）	547	（93.3％）
アストン	48	（14.9％）	275	（85.1％）	40	（17.5％）	189	（82.5％）
チェンバレン	19	（5.4％）	336	（94.6％）	6	（4.4％）	129	（95.6％）
松本	151	（40.9％）	218	（59.1％）	88	（36.7％）	152	（63.3％）

金子（2000）からの引用

3. 4　広部精の中国語会話書における篇別の直訳度

　全体的な傾向はすでに述べた。ここでは、【表3】にまとめたとおり、広部
精の中国語会話書を詳細に見ることにする。直訳度が篇別に見ても一様に高い

23　外国人の日本語会話書：ブラウン『会話日本語』・文久3（1863）年、サトウ『会話篇』・
　　明治6（1873）年。外国人の文法書：アストン『簡約日本口語文典（第4版）』・明治21
　　（1888）年、チェンバレン「A Handbook of Colloquial Japanese」・明治21（1888）年。
　　日本人の英語会話書：松本『英和通信（松本孝輔蔵版）』・明治6（1873）年。調査箇所
　　の詳細は金子（2000）参照。
24　金子（2000）によると「ブラウン」の「I始まり文」の直訳度は9割なので、この観点
　　からだと中国語会話書で直訳度が高いもの（(4)支）に相当する。ただ、今回の中国語会
　　話書の調査では、後ほど触れる篇別の違い等が顕著である。そのため、「〈我〉始まり
　　文」または「我」が主格か目的格かというような観点からの調査はしていない。
25　金子（2000）の調査によると、鴎外『青年』（明治43～44年）14.6％（167文／1144文）、
　　漱石『明暗』（大正5年）17.9％（1025文／5740文）である。これは文を基準としたも
　　のなので、洋学資料の傾向を踏まえ1.34倍したものを暫定的に直訳度相当値とした。

中で、対応しない例はどのようなものであろうか。以下のような例が見られた。

　　① 　家父托您的福　ヲヤヂハ、ヲカゲテ、ブジデ、ゴザヒマス（(1)亜・
　　　　六字話、6ウ）

　　② 　託您　御願（オネガヒ）モウス（(2)総亜・巻一下、18ウ）

　(2)総亜の凡例に、訳語にはすべて日常普通に使われる口語を用いた旨の記述がある（園田 1997）。このことから、広部精の場合は、直訳なので、文としての自然さはないが、語として見た場合は当時の日本語（口語）を反映している可能性が高いといえる。文としての自然さはないとしたが、①②のように、あまりにも不自然になる場合は直訳していないので、日中対照研究に応用できそうである。

　他の資料で、直訳度が極めて高い中で、対応しない例として、「您一路平安」「御道中オ無事デ」（官話急就篇・34頁、(6)官総・34頁）、「托您福罷」「オ庇（カゲ）サマデ」（官話急就篇・34頁、(6)官総・34頁）、「您府上都好啊　御宅は皆様御丈夫ですか」（(8)基礎・71頁）が挙げられる。(6)官総は「例言」に中国語を暗唱する目的で訳した旨の記述があり、直訳度の高さがその方針どおりであることの証といえるが、それでも対応しない例が出ているのである。

【表3】広部精の中国語会話書における篇別の直訳度

	一人称			二人称			一・二人称合計		
	○	×	直訳度	○	×	直訳度	○	×	直訳度
(1)亜・六字話	22	1	(96%)	20	1	(95%)	42	2	(95%)
(1)亜・散語摘訳	25	0	(100%)	19	0	(100%)	44	0	(100%)
(1)亜・合計	47	1	(98%)	39	1	(98%)	86	2	(98%)
(2)総亜（巻一）散語	136	1	(99%)	89	1	(99%)	225	2	(99%)
(2)総亜（巻二）続散語	76	0	(100%)	58	0	(100%)	134	0	(100%)
(2)総亜（巻三）問答	229	0	(100%)	150	0	(100%)	379	0	(100%)
(2)総亜（巻四）談論	235	4	(98%)	171	1	(99%)	406	5	(99%)
(2)総亜・合計	676	5	(99%)	468	2	(100%)	1144	7	(99%)

（○:対応あり。×:対応なし。）

3. 5　宮島大八の中国語会話書における篇別の直訳度

　直訳度が低い傾向を示す資料[26]がある宮島大八について調べてみたい。資料・篇別にまとめると【表 4】のようになる。

　⑷支は「語例」「問答」「散語」という篇別に見ても一部の例外を除いて高いといえる。一部の例外とは、「叫您受累　御面倒ヲ掛ケマシタ」（散語・94 頁）、「承您関照　御心配ニ預リマシタ」（散語・94 頁）、「蒙您賞賜　結構ナ品ヲ頂キマス」（散語・94 頁）のような定型的な 4 字の挨拶表現である。これを除けば、「散語」の二人称代名詞の直訳度も高くなる。また、「語例」「問答」の二人称代名詞 5 例のうち 1 例は「您府上在那児[27]　御宅ハドチラデスカ」（問答・61 頁）であった。

　⑼急総は、全体では直訳度が低い資料として分類できた。ただ、篇別の詳細を見ると興味深い点が明らかになる。

　入門レベルの簡単な会話である「問答之上」では、一・二人称代名詞の直訳度は 6 ％であり、明治・大正期の小説の会話文よりも低く、洋学資料の「サトウ」と同程度である。例を見てみよう。

　　③　您去過應。我去過一趟。（急就篇・問上、21 頁）
　　④　御出になつた事が有りますか。一度行つた事が有ります。
　　　　（⑼急総・問上、16 頁）

　これが、やや難しい会話の「問答之中」になると、一・二人称代名詞の直訳度が 26 ％となり、明治・大正期の小説の会話文とほぼ等しくなる。例を見てみよう。

　　⑤　我聴説您下的棋很高。我並不大会。您別瞞着了。瞞甚麼呢。我是個米棋。那児論到会下呢。（急就篇・問中、52 頁）
　　⑥　貴下は碁が大層お強いさうですな。一向駄目です。隠してはいけません。隠すものですか、ほんの笊碁で打てるなんて言へません。
　　　　（⑼急総・問中、59 頁）

　さらに複雑な会話が「問答之下」であり、一・二人称代名詞の直訳度は

26　板垣（2016）に⑼急総の一・二人称代名詞が少ないことの言及がある。
27　「哪児」と同意で当時としては一般的な表記である。

【表4】宮島大八の中国語会話書における篇別の直訳度

	一人称			二人称			一・二人称合計		
	○	×	直訳度	○	×	直訳度	○	×	直訳度
(4)支・語例	11	0	(100%)	14	1	(93%)	25	1	(96%)
(4)支・問答	14	2	(88%)	24	4	(86%)	38	6	(86%)
(4)支・散語	2	0	(100%)	2	3	(40%)	4	3	(57%)
(4)支・合計	27	2	(93%)	40	8	(83%)	67	10	(87%)
(9)急総・問答上	3	12	(25%)	0	35	(0%)	3	47	(6%)
(9)急総・問答中	36	108	(25%)	51	136	(27%)	87	244	(26%)
(9)急総・問答下	35	34	(51%)	35	33	(51%)	70	67	(51%)
(9)急総・散語	33	20	(62%)	21	59	(26%)	54	79	(41%)
(9)急総・附	17	35	(33%)	4	93	(4%)	21	128	(14%)
(9)急総・合計	124	209	(37%)	111	356	(24%)	235	565	(29%)

（○：対応あり。×：対応なし。）

51％となり、洋学資料の「松本」を超える率となる。篇よりも小さい章の単位で見ると、たとえば第10章では、一・二人称代名詞について、「対応あり」21例、「対応なし」6例、直訳度78％となっており、(3)参や洋学資料の「ブラウン」を超える。例を見てみよう。

⑦　准<u>你們</u>来告訴<u>我</u>。那時<u>我</u>和<u>我</u>自己説。有一個学生<u>我</u>不愛他。
　　（急就篇・問下、89頁）

⑧　<u>汝等</u>は来て<u>私</u>に告げるが宜しい、其時<u>私</u>は<u>私</u>自身で云ふた、一人<u>私</u>の最も嫌ひな学生が居つた。((9)急総・問下、106頁)

「散語」の直訳度は、一人称代名詞62％、二人称代名詞26％というように大きく異なっている。一人称代名詞が高く、二人称代名詞が低い傾向は、「問答之上」や「附」にも見られる。二人称代名詞の直訳度を見ると、「附」4％であり、この率は洋学資料の「チェンバレン」の二人称代名詞の直訳度に等しい。「問答之上」の二人称代名詞の直訳度は0％であり、いかなる資料よりも低いといえる。

⑨　<u>您</u>起来了。<u>您</u>請喝茶。<u>我</u>給<u>您</u>装一袋烟罷。（急就篇・附、143頁）

⑩　お目醒めですか。どうぞお茶を召上がれ。煙草を一服お詰め致しませう。((9)急総・附、183頁)

　これは、中国語で「侍老」、日本語では「長老に事ふ（婦人の会話）」とあり、同じような場面で同じような登場人物がいた場合、自然な会話なのではないだろうか[28]。

4　まとめと今後の課題

　中国語会話書に見られる日本語訳文の性質を明らかにすることを目的に、一・二人称代名詞の直訳度を手がかりにして論じてきた。

　その結果、一・二人称代名詞の直訳度を見ると、100％に近く極めて高いもの（(1)亜、(2)総亜、(6)官総、(7)官詳、(8)基礎）、9 割程度で高いもの（(4)支）、6 割から 7 割程度で中間的なもの（(3)参、(5)指総）、3 割程度の低いもの（(9)急総）に分けられた。金子（2000）の先行研究と比較すると、中国語会話書の直訳度は高く、洋学資料の直訳度は低かった。中国語会話書で直訳度が中間的なもの（(3)参、(5)指総）と「ブラウン」が同程度であった。英語、中国語、日本語の間での一・二人称代名詞の多寡が関係している可能性もある。明治・大正期の小説（会話文）の直訳度相当値は 2 割強で(9)急総に近い。(9)急総に関連して調べたところ、同じく宮島大八著になる(4)支の直訳度は(9)急総とは異なり高かった。(9)急総の篇別で詳細を調べると、簡単な会話の「問答之上」は 6％で、洋学資料の「サトウ」と同じくらい直訳度が低く、やや難しい会話の「問答之中」の直訳度は 26％で、小説の会話文と同程度の低さであった。これに対し、複雑な会話である「問答之下」の直訳度は 51％であり、「問答之上」「問答之中」に比べるとかなり高いものであった。

　今回の考察から、中国語会話書に見られる日本語訳文の性質の一端が明らかになり、日本語学分野の言語資料として中国語会話書が活用できると考える。特に直訳度が低いものは、自然な会話を模索した可能性があり、洋学資料や小説の会話文と同じく、実際の会話文を考える際の貴重な資料となる。直訳度が高いものも、語としては利用できる可能性があり、また、対応しなかった例（托您的福、您府上）の考察から、日中対照研究に発展させることもできる。

28　まったく同じ場面を小説で見つけることは難しく、貴重な用例といえる。

第3章

『総訳亜細亜言語集』における一・二人称代名詞

1 はじめに

　第2章では、人称代名詞について全体的な直訳度を見た。第3章では、具体的にどのような人称代名詞が現れているかを個別の資料で詳しく見る。

　中国語会話書である『総訳亜細亜言語集』（明治13年〜15年刊）の一・二人称代名詞およびこれに準じる語について、中国語と日本語とを対照した。

　『総訳亜細亜言語集』（以下適宜『総亜』と略記する）については、園田（1997）で資料の分析を行い、文末表現について考察している。その後、助動詞「です」の多用について、園田（1998a）で論じた。中国語会話書の人称代名詞については、小松（2007）、近藤（2013）等の先行研究も踏まえながら、園田（2016）、園田（2017a）、園田（2017c）で触れた。『東語士商叢談便覧』（明治38年刊）では、「汝（アナタ）[29]」「汝（オマヘ）」「貴下（アナタ）」等総ルビで、日本語訳文の読みが100％確定している（園田2017c）。一方、『官話指南総訳』（明治38年刊）では、「汝（アナタ）」「貴兄（アナタ）」「老兄（アナタ）」「兄台（アナタ）」のように振仮名が振られた例もあるが、「私」「汝」のように振られていない例も多く、読みを確定できない場合がある（園田2016）。さらに、『官話急就篇総訳』（大正5〈1916〉年刊）では、「例言」で你と您に触れ、你は「オマイ」や「キミ」、您は「アナタ」に相当するが、場合によって様々な訳が相応しいため、訳語を使用せず、注も付けないで、中国語をそのまま用いたと述べている（園田2017a）。実際に以下に挙げる例のように読みを読者に委ねている。

　　① 你ハ何ヲ見テイマス（官話急就篇「你看甚麼」、36、官話急就篇総訳）

29　当該例のように漢字表記の後の括弧の中に振仮名を記した。「漢字表記（振仮名）」となる。凡例にも記したが、本章の性質上改めて注記した。

　②　您、オ労レデシタカ（官話急就篇「您乏了麼」、70、官話急就篇総訳）

　これら、明治後期以降の中国語会話書に影響を与えているであろう『総亜』を調べることは重要である。『総亜』もまた江戸時代以来の表記の伝統や同時代の小説の表記法から影響を受けていると考えられる。江戸時代や明治期の表記の実態についての先行研究は多数ある。園田（2006）では、江戸時代における式亭三馬の洒落本の振仮名を調べ、「三個（さんにん）」「両三個（にさんくみ）」「俳優（やくしや）」等多彩な例が見られることを指摘した。これらは江戸時代当時から珍しいものではなく、この伝統は、明治以降の小説にも受け継がれる。

　明治時代の漢字の読み方はかなり自由であり、漱石の小説なども実際は「声に出して読めない」ものであり、緩やかでなくなった現代の常識で読んではいけない。とにかく、当時の漢字表記と振仮名をその表記のまま見て、考察する必要がある。

2　『総訳亜細亜言語集』について

　1867 年、北京駐在英国公使館書記官トーマス・ウェード（イギリス人）により『語言自邇集[30]』（初版）が刊行された。この『語言自邇集』（初版）をもとにして、広部精[31]により、明治 12（1879）年から明治 13（1880）年にかけて『亜細亜言語集』が編まれた。『亜細亜言語集』は七巻 7 冊で、以下のような構成である。

　　巻一・明治 12（1879）年 6 月刊、散語、散語摘訳、六字話、欧州奇話

30　『語言自邇集』は、1867 年に初版が刊行された後、明治 19（1886）年に再版が、明治 36（1903）年に三版が刊行される。初版、再版、三版と構成は大きく変わっており、それぞれの版が日本の中国語会話書に与える影響も大きかった。『総訳亜細亜言語集』（初版）の刊行は、明治 15（1882）年 2 月に完結しているので、ここでは、『語言自邇集』の再版や三版からの影響は考慮しなくてよいことになる。内田・氷野・宋（2015）によると、『亜細亜言語集』や『総訳亜細亜言語集』の一部（特に談論篇）は『問答篇』（1860 年刊、トーマス・ウェード著）を底本として編んだとの指摘がある。

31　千葉の士族出身。数えの 18 歳まで千葉で過ごした後、東京に移り住み、これより 7 年後の 25 歳のときに『亜細亜言語集』を著すことになる（園田 1997）。

巻二・明治 13（1880）年 2 月刊、続散語、常言、欧州奇話

巻三・明治 13（1880）年 3 月刊、問答、欧州奇話

巻四・明治 13（1880）年 5 月刊、談論、欧州奇話、続常言

巻五・明治 13（1880）年 5 月刊、続談論、続常言

巻六・明治 13（1880）年 8 月刊、例言、平仄編

巻七・明治 13（1880）年 8 月刊、言語例略、続常言

このうち、巻一から巻四の『語言自邇集』に関する部分[32] を訳出し、中国語の原文と日本語の訳文を併記したものが『総亜』である。実際の調査に使用したものは、国立国会図書館蔵本（初版本）である。

『総亜』（全四巻）の詳細を以下に示す。

⑴ 巻一上下（丁付けも上下で分かれているため、挙例に当たっては上下を記す）

散語、明治 13（1880）年 4 月刊

⑵ 巻二上（上のみであるため、挙例に当たっては上の表記は省いた）

続散語、明治 13（1880）年 5 月刊

⑶ 巻三上下（丁付けは上下通しになっているので、挙例に当たり上下は省いた）

問答、明治 13（1880）年 8 月刊

⑷ 巻四上下（丁付けも上下で分かれているため、挙例に当たっては上下を記す）

談論、明治 15（1882）年 2 月刊

3　一・二人称代名詞について

すでに触れたように、確実な表記を手がかりに、読みを推定できるようにした。

中国語をもととし、その日本語訳を示した。下記のように四つに分類し、表も作り分析を加える。振仮名が明確に分かるように「漢字表記（振仮名）」のように示した。

⑴ 一人称代名詞Ⅰ

中国語の一人称単数とそれに対応する日本語である。

32　六字話、欧州奇話、常言、続常言を除いたものである。

(2)　一人称代名詞Ⅱ

中国語の一人称複数（一・二人称代名詞といえるものを含む）とそれに対応する日本語である。日本語では、一人称単数が対応する例もある。

(3)　二人称代名詞Ⅰ

中国語の二人称単数とそれに対応する日本語である。

(4)　二人称代名詞Ⅱ

中国語の二人称複数とそれに対応する日本語である。日本語では、二人称単数が対応する例もある。

3. 1　一人称代名詞Ⅰ

【表1】に一人称代名詞Ⅰを示した。中国語「我」、「小的」（謙称）、「敝」（謙称）、「賤」（謙称）全例とこれに対応する日本語の表記を示した。このほか、中国語「兄弟[33]」（謙称）が日本語の人称代名詞に対応した例があったので、「（兄弟）」として対応例のみを示した。中国語に対応例がなく、日本語にのみ「私」という表記が現れた1例も加えた。

【表1】『総亜』の一人称代名詞Ⅰ（中国語「我」等との対応）

中国語	日本語	巻一	巻二	巻三	巻四	合計
	我（オレ）			8	2	10
	私	111	72	156	207	546
	私（オレ）	1		2		3
我	私（ワタシ）			1		1
	私（ワタク）シ	1				1
	ワタクシ			1		1
	《対応なし》	1			4	5
小的	小的（ワタシ）			1		1
	私			21		21
敝	ワタクシ			1		1
賤	私			1		1
（兄弟）	兄弟（ワタクシ）				1	1
	私				1	1
《対応なし》	私				1	1

3. 1. 1　中国語「我」と対応する語

　【表1】のとおり、読みが確実に分かるものは「我（オレ）」10例、「私（オレ）」3例、「私（ワタシ）」1例、「私（ワタク）シ」1例、「ワタクシ」1例であった。一方、読みが確実には分からない「私」という表記が546例現れていた。読みは確実には分からないのだが、「私」という表記があるということは、何らかの日本語が対応すると考えるのが自然である。何も対応しないのに書いてみたということは考えにくい。【表1】に挙がっているような日本語の一人称代名詞が対応している可能性は極めて高い。さらに「私」が「ワタシ」なのか「ワタクシ」なのか「オレ」なのかは、待遇表現による手がかりや規則性の発見[34] 等により推定するしかなく、100％確実にというところまではいかない。むしろこのような状況が当時の表記の常識であるともいえる。

　このような中で、中国語「我」に日本語の対応例がないものが5例見られた。

　③　我請過先生<u>教我</u>他不肯来　私ハ先生ニ御願（ヲネガヒ）モウシテ稽古（ケイコ）イタソウトシマシタガ。アノ人ハ来テ呉（クレ）マセン（巻一、上6ウ）

　これは、広部の注にもあるのだが、「教我」が「稽古（ケイコ）」に対応しているため、「我」単独での対応がない。

　④　給我編幾個話条子<u>子念</u>、兄弟若能殻成人了　私ニ幾個（イクツ）カ話ノ本（ホン）ヲ編（コシラ）ヘテ読（ヨマ）セテクダサレ、兄弟（ワタクシ）ガ若シ人ニナルコトガ出来レバ（巻四、上1ウ）

　⑤　<u>我</u>知道了（巻四、上13ウ）

　⑥　後来<u>我</u>在朋友們跟前打聴　後（アト）デ友達ノ前（マヘ）デ訊問（タヅネ）マシタラバ（巻四、上21オ）

33　同輩に対して自分を謙遜していうときの言い方で、友人または聴衆に対する一人称代名詞。現在の中国語「兄弟」は、xiōngdì と発音される場合は、「兄弟」を表す。一方、xiōngdi と di（弟）を軽声で発音する場合は、「兄」と「弟」という漢字のうち、後者の意味が全体に拡大され、「弟」という意味になる。さらに、自分より年下の男子に呼びかける二人称代名詞（「君」）としての用法へも派生する。当該例の一人称代名詞（謙称）としての用法もこの後者（「弟」の派生）の意味と関連が深い。

34　たとえば中国語「兄弟」に対応する日本語を見ると、初出の場合のみ「兄弟（ワタクシ）」であり、2例目は「私」である。この場合、2例目の「私」も「ワタクシ」と読んでいいものか、不明である。

⑦　而且我家生子児　ソーシテマタ是（コレ）ハ家（ウチ）デ生レタ子
　　（コ）ダカラ（巻四、下 18 ウ）

3. 1. 2　中国語「小的」「敵」「賤」「兄弟」と対応する語

　巻三のみであるが、中国語「小的」（謙称）を日本語で「小的（ワタシ）」と
したものが 1 例、「私」としたものが 21 例現れている。初出の 1 例のみ「小的
（ワタシ）」で、その後はすべて「私」である。

⑧　小的叫来福　小的（ワタシ）ハ来福（ライフク）ト叫（モウ）スモノ
　　デス（巻三、5 ウ）

⑨　老爺就可以雇小的、好不好　旦那サマ直（ス）グ私ヲ雇（ヤトヒ）
　　ナサイ、宜敷（ヨロシク）ゴザリマスカ（巻三、39 オ）

　同じく、巻三のみであるが、中国語「敵」が「ワタクシ」、中国語「賤」が
「私」に対応している。

⑩　您貴処是那児　アナタノ御処（オトコロ）ハ、ドチラデゴザリマス
　　カ　敵処是天津、没領教　ワタクシノ処（トコロ）ハ、天津（テン
　　シン）デス、マダ、承（ウケタ）マハリマセン（巻三、1 オ）

⑪　先生貴姓　先生ノ御苗字（ゴメウジ）ハ　賤姓蘇　私ノ苗字ハ蘇
　　（ソ）デゴザル（巻三、39 ウ）

　中国語「敵」「賤」（ともに謙称）に対応する語が中国語「貴」であるが、『総
亜』ではこれに日本語の二人称代名詞に対応させた例は見られなかった。上記
⑩の「貴処」は「御処（オトコロ）ハ」であり、⑪の「貴姓」も「御苗字（ゴ
メウジ）ハ」となっている。ただし、『急就篇総訳』（宮島大八著訳、昭和 9 年
刊）では、以下に挙げるように、「貴」と日本語の二人称代名詞が対応した例
もある。

⑫　貴方の学校は何年で卒業しますか（急就篇「貴学校是幾年卒業」、散
　　語第七、131 頁。急就篇総訳、散語第七、151 頁）

　巻四で、「兄弟」を「兄弟（ワタクシ）」「私」とした例が 1 例ずつ見られた。

⑬　兄弟若能毀成人了　兄弟（ワタクシ）ガ若シ人ニナルコトガ出来レ
　　バ（巻四、上 1 ウ）

⑭　兄弟永遠記着就是略　私ハイツマデモ記着（オボヘ）テ居レバ、ソ

レデヨイノデス（巻四、下7オ）

3.1.3 中国語に対応する例がない場合

巻四に中国語の方に対応する例が見当たらないものが1例見られた。

⑮ 叫我〜、叫我〜、還是売了房子喫呢　私ニ〜、私ニ〜、私ニ房子
（イヘ）ヲ売テ食ヘト云フノカ（巻四、下4ウ）

これは、中国語では2回繰り返されている「叫我」を日本語で3回繰り返して訳したようである。

3.2 一人称代名詞Ⅱ

【表2】に一人称代名詞Ⅱを示した。中国語「我們」、喒們、偺們、咱們全例とこれに対応する日本語の表記を示した。

【表2】『総亜』の一人称代名詞Ⅱ（中国語「我們」「喒們」等との対応）

中国語	日本語	巻一	巻二	巻三	巻四	合計
我們	我們（オレラ）			1		1
	私		1			1
	私共	21	3	38	26	88
	私共（ワタシ）	1				1
	私共（ワタクシドモ）	1				1
喒們	御互（オタガヒ）			1		1
偺們	私共御互（ヲタガ）ヒ		1			1
	私共（ヲタガイ）		1			1
	御互		1			1
	御互ヒ	7	1			8
	御互（オタガ）ヒ	1		2		3
	御互（オタガヒ）			2		2
	御互共				1	1
咱們	御互				5	5
	御互ヒ				1	1
	御互共				11	11
	御互ドモ				1	1

3. 2. 1　中国語「我們」と対応する語

【表2】のとおり、中国語「我們」が日本語の一人称複数に対応するものとして、読みが確実に分かるものは「我們（オレラ）」1例、「私共（ワタクシドモ）」1例である。読みが確定しないものとしては、「私共」88例がある。中国語「我們」が日本語の一人称単数に対応するものとして、読みが確実に分かるものは「私共（ワタシ）」1例である。読みが確定しないものとしては、「私」1例がある。

⑯　我們底根児有那些銭　私共（ワタシ）モ以前ハ那些（チット）ハ銭ガ有リマシタガ（巻一、下5オ）

中国語「我們」と同じような表記として「私共」と記した上で、実際の読みである「ワタシ」を振ったか。「私の家」「私の家族」が想定されているようで、中国語では複数形「我們」を使うのが自然で、日本語としては単数の方が自然だったのであろう。

⑰　他舗子在我們舗子隔壁児　彼レノ見世（ミセ）ハ私ノ見世ノ壁隣（カベドナリ）デス（巻二、6オ）

これは明らかに店の場合である。

3. 2. 2　中国語「喒們」「偺們」「咱們」と対応する語

喒們、偺們、咱們はいずれも同じである。中国語の咱們は、話し手のほかに聞き手も含み「他們」と対比される人称代名詞なので、一・二人称兼用代名詞といえる。これに対し、我們は、話し手のみで聞き手を含まず「你們」と対比できる人称代名詞であるので、一人称代名詞であるといえる。中国語の方言によってはこの区別が曖昧である場合もあるが、特に北方系の北京官話では区別する傾向が顕著である。日本語にはこのような区別はないが、我們が「ワタシドモ」、咱們が「オタガイ」「オタガイドモ」と訳される場合が多い。聞き手も含めて「ワタシドモ」とは言いにくいようである。ただし、以下のような例がある。

⑱　偺們頂好、是幹甚麼呢　私共（ヲタガイ）ニ極（ゴク）好ヒノハ何ヲ扱フノカ（巻二、5ウ）

これは、「私共」という漢字表記に「ヲタガイ」と振仮名を振ったものであ

る。読み方は「ヲタガイ」であるわけだが、漢字表記が特徴的である。さらに、「私共（ヲタガイ）ニ」という副詞的な用法である。

 ⑲ <u>偺們</u>要往舟山、湾一湾船 <u>私共御互（ヲタガ）</u>ヒハ舟山（シウサン）エ往テ舟ヲ留（トメ）ヤウト存ジマス（巻二、12ウ）

この例の場合、「私共」には振仮名が振っていないので「ヲタガヒヲタガヒ」というのも不自然なので、「ワタシドモヲタガヒ」のように読むのではないかと推測する。もしそうだとすると、単独ではないものの、咱們の訳に「ワタシドモ」が使われた唯一の例となる。

3.3　二人称代名詞Ⅰ

【表3】に二人称代名詞Ⅰを示した。中国語「你」、「你納」、「您」（敬称）、「您納」（敬称）「尊駕」（敬称）、「閣下」（敬称）全例とこれに対応する日本語の表記を示した。このほか、中国語「老弟」が日本語の人称代名詞に対応した例があったので、「（老弟）」として対応例のみを示した。中国語に対応例がなく、日本語にのみ「汝」という表記が現れた1例も加えた。

3.3.1　中国語「你」と対応する語

【表3】のとおり、中国語「你」が日本語の二人称単数に対応するものとして、読みが確実に分かるものは「你（オマヘ）」52例、「你（ヲマヘ）」1例、「汝（ナンヂ）」1例、「汝（オマヘ）」12例、「汝（オマ）ヘ」1例、「汝（ヲマエ）」2例、「汝（ヲマエ）」1例、「汝（ヲマヘ）」8例、「御前（オマヘ）」1例、「オマエ」2例、「オマヘ」29例、「ヲマヘ」1例、「オマヘサン」1例、「アナタ」2例、その他（「你（ヒト）」）1例である。これに加えて、「汝ヂ」と表記したものが3例あり、「ナンヂ」と考えてよさそうである。読みが確定しないものとしては、「你」108例、「汝」139例がある。

 ⑳ 真是<u>你</u>疑惑作甚麼 本当（ホンタウ）ニ左様（サウ）ダヨ、<u>你（オマヘ）</u>ハ何（ナン）デ疑（ウタガ）フノカ（巻三、30オ）

3.3.2　中国語「你納」「您」「您納」と対応する語

「你納」のように你や您の後に「納」を付けて呼ぶ二人称代名詞はこの時期

の特徴的な用法で、現在ではほとんど使われていない。この、中国語「你納」が日本語の二人称単数に対応するものとして、読みが確実に分かるものは「你納（アナタ）」9例、「您（アナタ）」6例、「貴下（アナタ）」1例、「アナタ」21例である。一方、読みが確定しないものとしては、「您」5例がある。ただ、日本語で「您」と記されていれば、敬称であることが分かり、「オマエ」や「ナンヂ」ではなく「アナタ」と読まれた可能性が高い。ともかく、中国語「你」の場合に比べて、確実に読める場合の比率が高い。

　㉑　買的意思你納倒不用打聴　買フタ訳（ワケ）ハ你納（アナタ）ソレハ御問（オタヅネ）ナサルニ及ビマセン（巻三、28オ）

　中国語「您」（敬称）が日本語の二人称単数に対応するものとして、読みが確実に分かるものは「您（アナタ）」11例、「アナタ」8例である。一方、読みが確定しないものとしては、「您」5例がある。ただ、日本語で「您」と記されていれば、敬称であることが分かり、「オマエ」や「ナンヂ」ではなく「アナタ」と読まれた可能性が高いことは中国語「你納」の場合と同じである。中国語「你」の場合に比べて、中国語「你納」と同じく確実に読める場合の比率が高い。

　中国語に「您」が見られ、日本語に対応する例が見られないものが1例あった。

　　㉒　託您　御願（オネガヒ）モウス（巻一、下18ウ）

　このような中国語「託您」の場合、日本語に二人称代名詞が現れない例は他の中国語会話書にも多数現れている。

　中国語「您納」（敬称）は3例とも全て「アナタ」と記されている。

【表3】『総亜』の二人称代名詞Ⅰ（中国語「你」「您」等との対応）

中国語	日本語	巻一	巻二	巻三	巻四	合計
你	你		2	14	92	108
	你（オマヘ）	2		44	6	52
	你（ヲマヘ）	1				1
	汝	54	50	35		139
	汝ヂ	1	1	1		3
	汝（ナンヂ）	1				1
	汝（オマヘ）	3		9		12
	汝（オマ）へ			1		1
	汝（ヲマヱ）		2			2
	汝（ヲマヱ）		1			1
	汝（ヲマヘ）	7	1			8
	御前（オマヘ）			1		1
	オマヱ			2		2
	オマヘ			9	20	29
	ヲマヘ				1	1
	オマヘサン				1	1
	アナタ				2	2
	你（ヒト）				1	1
你納	你納（アナタ）			6	3	9
	您				5	5
	您（アナタ）			2	4	6
	貴下（アナタ）				1	1
	アナタ		1	6	14	21
您	您	5				5
	您（アナタ）	5		6		11
	アナタ	2		6		8
	《対応なし》	1				1
您納	アナタ			3		3
尊駕	尊駕（アナタ）			1		1
閣下	閣下（アナタ）			7		7
	アナタ			3		3
（老弟）	老弟（アナタ）	1			2	3
《対応なし》	汝	1				1

3.3.3　中国語「尊駕」「閣下」「老弟」と対応する語

　中国語「尊駕」（敬称）は「尊駕（アナタ）」が1例見られた。中国語「閣下」（敬称）は、「閣下（アナタ）」が7例、「アナタ」が3例であった。

　このほか、日本語で「老弟（アナタ）」という例が3例現れており、これに対応する中国語は「老弟」であった。

3．3．4　中国語に対応する例がない場合

中国語に対応する例がないものとして「汝」が1例現れていた。

㉓　這個事情得你各自各兒去　此ノ事柄（コトガラ）ハ汝ハ<u>汝</u>デ往（イッ）テセネバナラヌ（巻一、上11ウ）

中国語では「你」1例であるが日本語に訳すときに「汝ハ汝デ」というように2例になったものである。

3．4　二人称代名詞Ⅱ

【表4】に二人称代名詞Ⅱを示した。中国語「你們」に対応する例である。

【表4】『総亜』の二人称代名詞Ⅱ（中国語「你們」との対応）

中国語	日本語	巻一	巻二	巻三	巻四	合計
你們	你			1		1
	你方（オマヘカタ）			1		1
	你方（ヲマヘカタ）	3				3
	你共				15	15
	你共（オマヘドモ）				2	2
	你共（オマヘラ）			1		1
	你等				2	2
	你等（オマヘタチ）				1	1
	你達				1	1
	汝	1				1
	汝共	4				4
	汝等（オマヘタチ）				1	1
	手前（マヘ）達				1	1
	オマエタチ			1		1
	オマヘタチ			1	2	3
	《その他》	1				1

【表4】のとおり、中国語「你們」が日本語の二人称複数に対応するものとして、読みが確実に分かるものは「你方（オマヘカタ）」1例、「你方（ヲマヘカタ）」3例、「你共（オマヘドモ）」2例、「你共（オマヘラ）」1例、「你等（オマヘタチ）」1例、「汝等（オマヘタチ)」1例、「手前（マヘ）達」1例、「オマエタチ」1例、「オマヘタチ」3例である。読みが確定しないものとしては、「你共」15例、「你等」2例、「你達」1例、「汝共」4例がある。中国語「你們」が日本語の二

人称単数に対応するものとして、読みが確実に分かるものはなく、読みが確定しないものとしては、「你」1例、「汝」1例がある。《その他》としたものは「彼共（カレドモ）」という例であるが、誤植の可能性もある。

⑤　你們行裏、離不開你、不容你去　你ノ店ノ内デ、你ヲ離（ハナ）スコトハ出来（デキ）マイカラ、你ヲ遣（ヤリ）マスマイ（巻三、39オ）

⑥　你們的屋裏有蓆没有　汝ノ御家（ヲウチ）ニ簀（ゴザ）ハ有リマスカ（巻一、上8ウ）

いずれも店や家の場合である。「誰々の店」「誰々のうち」という場合は、中国語では複数形で、日本語では単数形で表すのが自然であるようだ。

4　まとめと今後の課題

以上、中国語会話書である『総訳亜細亜言語集』を資料とし、一・二人称代名詞およびこれに準じる語について、中国語と日本語とを対照した。一人称代名詞Ⅰ（単数）、一人称代名詞Ⅱ（複数）、二人称代名詞Ⅰ（単数）、二人称代名詞Ⅱ（複数）の4通りに分けて見てきた。

たとえば、一人称代名詞Ⅰの中国語「我」に対応する日本語の場合を考えてみる。読みは確実には分からないのだが、「私」という表記があるということは、何らかの日本語が対応すると考えるのが自然である。何も対応しないのに書いてみたということは考えにくい。日本語の一人称代名詞が対応している可能性は極めて高い。さらに「私」が「ワタシ」なのか「ワタクシ」なのか「オレ」なのかは、待遇表現による手がかりや規則性の発見等により推定するしかなく、100％確実にというところまではいかない。むしろこのような状況が当時の表記の常識であるともいえる。

一人称代名詞Ⅱ（複数）、二人称代名詞Ⅱ（複数）については、ひとまず中国語に基づいて「複数」としたが、日本語では一部単数が対応しているものがある。これを詳細に見ると、「家、店、家族」を表す場合であることが分かった。これは、中国語では複数形が自然であり、日本語では単数形が自然であるためと考えられる。

中国語があり、それに対応する日本語がない場合を見ると、一人称代名詞Ⅰ

（単数）の中国語「教我」を「稽古（ケイコ）」とする例や、二人称代名詞Ⅰ（単数）の中国語「託您」を「御願（オネガヒ）モウス」と全体で訳す例が見られた。中国語「託您」に関しては、他の資料でも多数対応しない例が見られる。

　日本語訳文に人称代名詞が現れるにもかかわらず中国語に対応する例がない場合も、一人称代名詞Ⅰ（単数）、二人称代名詞Ⅰ（単数）に見られた。この場合、中国語で2回繰り返されるものが日本語で3回繰り返され、あるいは、中国語に一つしかないものが、日本語で二つになるというものであった。ある意味でこのような対応をしているともいえる。

　対応しない少数例の分析から、日中対照研究につながる例が浮かび上がってきたことから、今後は、より多くの資料での対応関係を調査し、考察を深めていきたい。

第 4 章

『官話指南総訳』『東語士商叢談便覧』における一・二人称代名詞

1 はじめに

　この章は、直接明治前期に関わるものではない。一・二人称代名詞の展開として、補足的に示すものである。

　本章で取り上げたふたつの資料のうちのひとつである『官話指南総訳』は、明治 38（1905）年になってはじめて日本語に訳されたものである。この資料は、『官話指南』（明治 15〈1882〉年刊）[35]の改訂版である『改訂官話指南』（明治 36 年刊）の総訳本[36]である。訳者の呉泰寿は、『官話指南』の著者である鄭永邦・呉永太ふたりのいとこに当たる。

　『官話指南』は、長崎唐通事の後裔である呉啓太（在清国北京大日本国公使館　長崎県士族）と鄭永邦（在清国北京大日本国公使館　東京府士族）により著された。呉啓太と鄭永邦は、その祖先が明朝の遺臣鄭成功の時代に福建省等から日本に渡り、帰化したものである。ただ、その当時からすでに、八・九世を経ており、日本人と捉えることができる。呉啓太と鄭永邦の連名による凡例には「余駐北京学語言三年於今、時延請師儒、頼其口講指画、漸有所領悟」とあり、日本から中国に渡り三年間中国語を学んだ経験から執筆した経緯が書かれている。

　この日本人二名によって書かれた『官話指南』は、明治 15（1882）年に中国の上海美華館で印刷され、中国や日本で読まれた。その後、明治 20（1887）年

35　ごくわずかの例外（「凡出気之音、読時応用力、将其音向外放出字音、由タチツテト、カキクケコ、パピプペポ各等音而出者、皆有出入気之別、余者無此分別也」〈凡例〉等）を除いて、全て中国語で書かれている。

36　正確には、『改訂官話指南』（明治 36 年刊）の巻之一から巻之四までの総訳と、改訂版で削除された『官話指南』（明治 15 年刊）巻之一「応対須知」の総訳である。序や凡例の訳は付いていない。

にフランス語対訳版、明治 28（1895）年に英語版が刊行され、世界に知られるに至った。明治 28（1895）年以降、広東語訳版や上海語訳版といった中国語の方言版も出されている。氷野（2010）によると、『官話指南』は、中国人が自国語である中国語を学ぶ際にも使用していたということである。

　書誌の詳細は園田（2016a）に記した。

　本章で取り上げたもうひとつの資料『東語士商叢談便覧』は、金国璞が明治 34（1901）年から明治 35（1902）年にかけて著した中国語教本『北京官話士商叢談便覧』の日本語訳である。訳者は、文求堂書店の田中慶太郎であり、『官話指南総訳』刊行の年と同じ明治 38（1905）年に刊行された。田中は、書肆として『北京官話士商叢談便覧』をはじめ数々の書籍の出版を行うとともに、みずからも多数の書物を著した。『東語士商叢談便覧』はそのひとつである。

　書誌の詳細は園田（2017c）に記した。

2　『官話指南総訳』の一・二人称代名詞

　小松（2007）では、『会話篇』（アーネスト・サトウ）等を資料として、幕末から明治初期にかけての一・二人称代名詞がまとめられている。近藤（2013）では、『太陽コーパス』全体の一人称代名詞を網羅した分析がなされている。『太陽コーパス』は、明治 28（1895）年、明治 34（1901）年、明治 42（1909）年、大正 6（1917）年、大正 14（1925）年の 5 箇年分の全文をコーパス化したものであり、本節で扱う『官話指南総訳』が世に出た明治 38（1905）年とも重なっている。これらの先行研究を参考にして、『官話指南総訳』の人称代名詞について見ていく。

　『官話指南総訳』に現れる人称代名詞の例は以下の通りである。

　　　①　汝は駁者に言つて、おれは初に交民巷に行き、夫から更に琉璃廠に行き、少し骨董品を求めに行くのだ（官話指南総訳・152 頁・檀那→使用人）

　　　❶　你告訴他説、先到交民巷、起那児再上琉璃廠、我要買点児古玩去（改訂官話指南・145 頁）

　　　②　併し私（ワシ）は近頃当地に来たもので、未（マダ）人を使ふたこ

とがないが、是非請人は要（イ）るのか何うか（官話指南総訳・144頁・檀那→使用人）

❷ 可是<u>我</u>是新近到這児来的、還没使喚過人了、可不知道得要保人不要（改訂官話指南・137頁）

③ <u>檀那</u>汝が此間私に捜させた十五六の小供は、<u>私（ワタクシ）</u>が捜して参りました（官話指南総訳・143頁・使用人→檀那）

❸ <u>老爺</u>、您上回叫我找的那十幾歳的小孩子、<u>我</u>找来了（改訂官話指南・137頁）

④ <u>拙者</u>は<u>閣下</u>の御説は至極御尤だと思ひます（官話指南総訳・221頁・対等）

❹ <u>我</u>想<u>大人</u>所説的也很有理（改訂官話指南・208頁）

⑤ 左様ですか、それでは、<u>あなた</u>に御配慮を願ひます、どうか私の為に御取計下さい（官話指南総訳・11頁・対等）

❺ 就是、那麼就求<u>您</u>分心、給我辨辨罷（改訂官話指南・11頁）

⑥ <u>汝（アナタ）</u>の御姓は。痛み入ります、私の姓は王（官話指南総訳・25頁・対等）

❻ <u>您</u>貴姓。豈敢、賤姓王（改訂官話指南・25頁）

⑦ <u>貴下（アナタ）</u>、私は今日汝に御相談申したいことがあつて、態々来（デ）ました。（官話指南総訳・39頁・対等）

❼ <u>大哥</u>、我今児個特意来、和<u>您</u>商量一件事（改訂官話指南・38頁）

⑧ <u>おまい</u>来い、私は<u>おまへ</u>に話す事がある。（官話指南総訳・183頁・檀那→使用人）

❽ <u>你</u>来、我有話和<u>你</u>説（改訂官話指南・176頁）

⑨ <u>汝（オマヘ）</u>此処では自由にして、遠慮なさるな（官話指南総訳・250頁・目上→目下）

❾ <u>你</u>在這児可以随便、不要拘礼（官話指南・2ウ）

⑩ 又その人が申すのを聞くに<u>汝等（オマヘガタ）</u>私を引張るな、私は足を挫いて非常に痛む、私は賊を働くものではない、私は避難者だと（官話指南総訳・93頁・対等な会話の中での引用）

❿ 又聴見那個人説、<u>你們</u>別拉我、我的脚蹉了很疼、我不是作賊的、我

　　　　是避難的（改訂官話指南・89頁）

　①②③④の例から、中国語の「我」が「おれ」「私（ワシ）」「私（ワタクシ）」「拙者」というように訳し分けられていることが分かる。⑧⑨の例から、中国語の「你」が「おまい」「おまへ」「汝（オマヘ）」と訳され、⑤⑥の例から、「您」が「あなた」「汝（アナタ）」と訳されていることも分かる。⑩では、中国語の「你們」が、日本語で「汝等（オマヘガタ）」と訳されている。④のように、中国語の「大人」を日本語の「閣下」に、また⑦のように、中国語の「大哥」を日本語の「貴下（アナタ）」に訳している例は、漢字表記も含めて興味深い。

　一人称代名詞、二人称代名詞に分けて詳細を示すと次のようになる。三人称代名詞としては、ルビ付きの「彼（アレ）」のほかにルビなしの「彼」が現れている。「彼」に「カレ」というルビが付いた例はない。

【一人称代名詞】

⑴　「平仮名で書かれる」「ルビがある」「送り仮名がある」等から、読みが確定できるかあるいは推定できるもの

　　「おれ」1例、「私（ワシ）」2例、「私（ワタクシ）」1例、「我れ」4例、「我々（ワレワレ）」1例、「我れれ」1例

⑵　漢字表記のみであるもの（「私」は多数現れているが省略した）

　　「拙者」28例、「僕」2例、「愚僧」1例、「我々」5例、「吾々」6例、「我々共」12例、「我々等（ドモ）」1例、「我々等」1例、「吾々共」1例

【二人称代名詞】

⑴　「平仮名で書かれる」「ルビがある」「送り仮名がある」等から、読みが確定できるかあるいは推定できるもの

　　「あなた」6例、「汝（アナタ）」7例、「貴兄（アナタ）」5例、「貴下（アナタ）」2例、「老兄（アナタ）」2例、「兄台（アナタ）」1例

　　「おまい」[37] 1例、「おまへ」116例、「汝（オマヘ）」2例、「おまへら」1例、「汝等（オマヘガタ）」1例、「おまへ方」4例、「おまへ等」5例

37　小松（2007）によると『会話日本語』（ブラウン）に現れるオマイとオマエは「仮名遣いが違うだけで同じ語なのではないか」としながらも、なお、「この問題については分からないことが多い」という。

(2) 漢字表記のみであるもの（「汝」は多数現れているが省略した）

　　「君」3例、「君等」1例、「汝等（ガタ）」1例

(3) 二人称代名詞的に用いられる表現

　　「閣下」（多数あり）、「檀那」（多数あり）、「旦那」、「貴官」、「先生」

　近藤（2013）の『太陽コーパス』調査では、「拙者」が七四例、「拙僧」が一例現れている。一方で、『官話指南総訳』にある「愚僧」は現れていない。いずれにしても、『官話指南総訳』では、「私」と「汝」が多数現れるが、ほとんどルビが付いていないので、分析が難しい。「汝」は「あなた」とも「おまえ」とも読めるので、待遇関係を把握して読み分けなければならない。人称代名詞について全体的な傾向を知るためには、読みが全て確定できる中国語会話書を調べる必要がある。

3　『東語士商叢談便覧』の一・二人称代名詞

　『東語士商叢談便覧』は漢字片仮名交じり文で総ルビである。そのため、人称代名詞の「私」や「汝」等もどう読むかすべて明白である。園田（2016a）で『官話指南総訳』の人称代名詞を調べたときには、パラルビであったので、「私」「汝」「貴下」など読みが確定できないものが多数あった。この点、総ルビである『東語士商叢談便覧』は貴重である。例を見てみよう。

① 汝（アナタ）ハ今（イマ）何（ナニ）ヲ勉強（ベンキヤウ）シテ居（キ）マス（第1章の1、1頁、東語初版。①のような白丸印は『東語士商叢談便覧』〈初版〉の用例である。訳称として「東語初版」を用いた。以下同じ。各章には「第1章の1」のように文番号も記されている。原文のルビは括弧の中に記した）

❶ 你現在用甚麼功哪（第1章の1、1頁、官話初版。❶のような黒丸印は『北京官話士商叢談便覧』〈初版〉の用例である。略称として「官話初版」を用いた。以下同じ。各章には「第1章の1」のように文番号も記されている）

② 汝（アナタ）ハ何処（ドコ）ノ学校（ガクカウ）デ、幾年（イクネン）勉強（ベンキヤウ）ヲシマシタ（第1章の2、1頁、東語初版）

❷ 你在那書院裏、用過幾年的功（第1章の2、1頁、官話初版）

③　私（ワタクシ）ハ五年間（ゴネンカン）ノ勉強（ベンキヤウ）ヲシマシタガ，今（イマ）ニナツテモ英語（エイゴ）ハ矢張（ヤハ）リヨク話（ハナ）セマセヌ（第1章の3、1頁、東語初版）

❸　我用了五年的功、到如今英国話、還是説不好（第1章の3、1頁、官話初版）

④　オ影様（カゲサマ）デ、貴下（アナタ）ハオ健康（タッシヤ）デ、オ宅（タク）ハ御機嫌（ゴキゲン）デスカ（第12章の2、20頁、東語初版）

❹　托福都好、您身体都康健、府上全都好啊（第12章の2、13頁、官話初版）

⑤　汝（オマヘ）ガ私（ワタシ）ニ此（コ）ノ写真屋（シヤシンヤ）ハアノ写真屋（シヤシンヤ）ヨリ上手（ジヤウズ）ダト云（ユ）フガ、私（ワタシ）ガ見（ミ）レバ二軒（ニケン）ノ写様（ウツシヤウ）ハ似（ニ）タリヨツタリデス（第29章の1、54頁、東語初版）

❺　你告訴我、這個照像館比那個照像館強、在我看他們両家所照的像、是魯衛之政（第29章の1、35頁、官話初版）

　人称代名詞については、総ルビであることから、「私」「汝」「貴下」の読みが確定できることがわかった。これは、パラルビである『官話指南総訳』などでは確証を得ることができなかったものである。例数は多いので、今後待遇表現との関わりも含めて詳しく分析するとより詳細な面が見えてくると考える。

4　まとめと今後の課題

　以上、一・二人称代名詞の展開として、補足的に示した。『官話指南』が明治15（1882）年刊であるので、明治前期成立といえるが中国語のみの会話集である。『官話指南総訳』として日本語訳されるのは明治38（1905）年になってからである。パラルビであるため、一・二人称代名詞の正確な読みは分からないものもあった。これに対して、同じく明治38（1905）年刊行の『東語士商叢談便覧』は総ルビであり、一・二人称代名詞すべての読みが確定できる。

　最近、園田（2020e）に江戸時代の一・二人称代名詞の一例を示した。人称代名詞は、いまでも様々な時代やジャンルの資料で調査・分析が行われており、中国語会話書をそのひとつに加えることは重要である。

第3部

今につながる「です」のめばえ

第5章

『亜細亜言語集』『総訳亜細亜言語集』の文末における待遇表現

1　はじめに

　従来、近代日本語の資料として外国語資料が用いられてきたが、洋学資料・洋学会話書のみが利用され、高い価値を与えられていた。その一方、中国語会話書は顧みられず、存在すらもあまり知られていなかった。

　そこで、本章では、改めて中国語会話書にどのようなものがあるかを整理した上で、これらの中国語会話書に用いられている日本語が、近代日本語の資料として利用できるかどうか、その可能性について検討する。具体的には、『亜細亜言語集』及び『総訳亜細亜言語集』の文末表現を中心に、その日本語を検討していく。

2　中国語会話書について

　明治9（1876）年、江戸時代以来続いた唐話（南京官話）の教育から、北京官話の教育へと転換する。これは、中国大陸における共通語が、南京官話から北京官話へと推移したことによるものだが、近世・近代における日本の中国語教育にとって、空前の転機であった。この時以降、昭和20（1945）年に終戦を迎えるまでに、北京官話の教本は多数刊行されているが、そのなかでも特に明治20（1887）年頃までのものは、東京語の成立とも関わって来るので、日本における口語の歴史を考える上で重要度が高いと思われる。

　そこで、明治 9（1876）年から明治 20（1887）年頃までの中国語会話書を、
管見に入った範囲で十数点調べた[38]が、中国語のみで、日本語が認められな
いもの（『官話指南』等）が多く、まとまった日本語が口語のかたちで現れてい
るものは、『亜細亜言語集』・『総訳亜細亜言語集』・『参訂漢語問答篇国字解』・
『英清会話独案内』・『日漢英語言合璧』くらいであった。

　この五つの資料には、例えば著者・訳者がほぼすべて士族出身者であるとい
うような共通点もあるが、決して均質なものではなく、各資料に現れる日本語
について個別に詳しく検討する必要がある。本章では、初期のもので、同じく
広部精の編著になる『亜細亜言語集』及び『総訳亜細亜言語集』について見て
いくことにしたい。

3　『亜細亜言語集』『総訳亜細亜言語集』の訳述方針

3.1　成立

　まず、『亜細亜言語集』及び『総訳亜細亜言語集』の成り立ちについて述べよう。
　1867 年、北京駐在英国公使館書記官トーマス・ウェードにより、北京官話会
話書『語言自邇集』（初版）が刊行された。この書は、清末中国における北京の
口語を知る上でも貴重なものであり、中国語学の分野で研究がなされている[39]。
この『語言自邇集』（初版）をもとに、広部精により明治 12（1879）年から明治
13（1880）年にかけて編まれたのが『亜細亜言語集』[40]である。この間の事情を、
次に挙げる『亜細亜言語集』（初版）の「凡例」で見てみよう。なお、資料は、
初版本である東北大学狩野文庫蔵本[41]を利用しており、引用もこれに依るもの
である。

　　　①　　此部多取英国威欽差選語言自邇集。及徳国繙訳官阿氏著通俗欧洲述

38　国会図書館蔵本、東北大学狩野文庫蔵本、及び、『中国語教本類集成』・『中国語学資料
　　叢刊』（不二出版）を利用した。
39　香坂（1983）、鱒沢（1988）の『語言自邇集』に関する研究参照。
40　正式には『亜細亜言語集　支那官話部』という。用例を挙げる際は『亜』と略している。
41　巻 1（初版）は明治 12（1879）年 6 月刊である。

古新編等書。以彙成一本。然間或有削彼字添此字。或有挙後件為前
件。蓋以適邦人習読為順次。<u>其不見于自邇集述古新編者。皆余所作
也</u>。切望後君子加訂正幸甚。(『亜』初版「凡例」)[42]

　つまり、『亜細亜言語集』は、トーマス・ウェード著『語言自邇集』とドイ
ツの翻訳官（阿氏）の著した『通俗欧洲述古新編』等をもとに、日本人学習者
の便を考え、一部改変した中国語の文、及び、広部精自身が作った文（中国語、
日本語）から成っていることが窺える。この『亜細亜言語集』は七巻7冊に及
ぶが、日本語の現れる箇所は第一巻の上欄「六字話」(1オ〜 10ウ)と「散語
四十章摘訳」(34オ〜 43オ)の部分である。このうち「六字話」は凡例にいう
「其不見于自邇集述古新編者」であり、「皆余所作也」ということになるので、
広部精自身の著になる資料であることが判る。

　この『亜細亜言語集』全七巻のうち、巻一から巻四までの『通俗欧洲述古新編』
及び「六字話」を除いた『語言自邇集』の部分のみを訳出したものが、明治13年
から15年にかけて出版された『総訳亜細亜言語集』(初版)[43]ということになる。

3.2　訳述の方針と傾向

　成立の過程は、上述の通りであるが、それでは一体、広部精は、どのような
日本語で訳述しようとしたのであろうか。彼自身、凡例等において、その訳述
方針[44]を述べているので、まずは、それらを見てみることにしよう。

　『亜細亜言語集』の「凡例」には、次のように記されている。

　②　語之難解者。以本邦<u>俗語</u>。翻訳其意。或記諸巻末。或録諸別巻。以

42　掲げた用例が第1章と重複するが、本研究全体の論を展開する上できわめて貴重な指
　　摘であるため、敢えて省略せず掲げることにした。以下の重複する用例も同様の趣旨に
　　よる。

43　正式には『総訳亜細亜言語集　支那官話部』という（用例を挙げる際は『総』と略し
　　た）。研究を始めた当初は東北大学狩野文庫蔵本『総訳亜細亜言語集』(再版)(明治25
　　〈1892〉年刊)を調べ、国会図書館蔵本『総訳亜細亜言語集』(初版)のマイクロフィルムで確認するという
　　作業を行っていた。ただ、その後、国会図書館蔵本（初版）全文の複写が許可され、そ
　　れ以降は国会図書館蔵本（初版）の複写を用いている。用例数や引用はすべて国会図書
　　館蔵本（初版）に依った。初版本を使用することはとても重要である。その上で、再版
　　本を見ると、初版本にない情報（初版本の広告・宣伝等）を得ることができるため、再
　　版本以降の版もこのような意味での資料的な価値があると言える。

　　　　供参観。…

　つまり、「分かりにくい語については、日本の日常使われる口語で翻訳した。この口語訳を、巻末の「散語四十章摘訳」、及び、別に著した『総訳亜細亜言語集』に載せ、参照できるようにした」のである。

　また、『総訳亜細亜言語集』の「凡例」では、以下のように述べている。

　　③　先ツ本文ヲ記シ、後チ訳語ヲ録ス、訳語ハ尽ク俗語ヲ用ユ、

　②③ともに「俗語」という語が使われている[45]。当時にあっては、この「俗語」は「日常普通に使われる口語」を指し、文語に対する語であった。具体的な訳述の例を見てみよう。

　　④　本有両個出了門子、給得都是武官、上回西路出兵、都陣亡了
　　　　・本ト両人（フタリ）ハ外（ワキ）ヘ出（デ）マシタガ〔出了門子ハ、
　　　　我ガ門ヲ出テ他人ノ處ヘ嫁（ヨメ）ニユキタルノ意ナリ〕給（ヤツ）タ
　　　　ノハ皆ナ武（ブ）官（クワン）デシタカラ〔皆ナ武官ノ人ヘ嫁（ヨメ）
　　　　ニヤッタノ意ナリ〕上回（サキゴロ）西路ヘ兵（ヘイ）ヲ出（ダシ）タ
　　　　トキニ、皆ナ陣亡（ウチジニ）イタシマシタ〔徐永ノ姉妹ノ良人（オッ
　　　　ト）ガ皆ナ戦死シタルナリ〕（『総』巻三「問答編」14ウ7　徐永→大人）

　訳の文と注釈の文とを比べると、口語と文語の区別がはっきりしていることが判る。それでは、どのような「日常普通に使われる口語」を念頭においていたのであろうか。後に『増訂亜細亜言語集』（明治35年刊）「緒言」のなかで、以下のように述懐している。

　　⑤　…敬宇先生カラ在清国ノ英公使ウエード氏ノ語言自邇集ヲ贈ラレマシ
　　　　タ之ヲ主トシテ支那官話ノ一書ヲ編輯シ亜細亜言語集支那官話部ト名
　　　　ケタノガ明治十年デアリマシタ又学生ノ自習了解ニ便センガ為メ古来
　　　　ノ訳例ヲ破リ俗語ヲ以テ一種ノ新例ヲ開キ其全部ヲ翻訳シ総訳亜細亜
　　　　言語集ト名ケマシタ其後支那語ノ訳語ハ自然ニ此新例ガ通例トナリマ

44　自作になるが、「六字話」にも当てはまるものである。
45　『総訳亜細亜言語集』（再版）（明治25〈1892〉年刊）の広告には、「「陸軍教官広部精先生訳述」　右は亜細亜言語集支那官話の部七巻を俗談平話を以て総訳せし書なり。」とある。このように再版本には初版本にない情報が含まれることもあり、資料としての再版本の利用価値の一端がここにあると言えよう。

　　シタ様デス

　自習書、教科書として用いるのであるから、方言よりは共通語、古語よりは同時代語を目指していたはずである。六角（1988）によると、広部精は、千葉の士族出身で、18 歳（数え）まで千葉で過ごした後、東京に移り住み、これより 7 年の後 25 歳の時に『亜細亜言語集』を著すことになるのである。この広部精の生い立ちから、同時代の東京語を基盤とした共通語を駆使することは十分可能であると考えてよかろう[46]。

　以上、簡単にまとめると、『亜細亜言語集』『総訳亜細亜言語集』に使用される日本語には、「俗語」すなわち「日常普通に使われる同時代の口語」が使われており、これは、おそらく「東京語を基盤とした共通語」を意図したものであると言えよう。

4　文末表現から見た日本語の性格

4.1　「六字話」と「問答編」

　『亜細亜言語集』「六字話」と『総訳亜細亜言語集』「問答編」の文末表現についての分析から、これらの資料に現れる口語の内実を明らかにするとともに、当時の実態との関係について考えたい。

　まずは、それぞれどのような内容であるか、簡単に紹介する。

　『亜細亜言語集』巻一「六字話」は、広部精が『唐話纂要』（岡島冠山著）の

46　『亜細亜言語集』「六字話」に「ナンヂハカレヲコチラエ、トーセロ」（1 オ 10）・「ダンナガ、ヲマエヲ、トヲセロト、モーシマス」（1 オ 12）、『亜細亜言語集』「問答編」に「彼ヲ譲（トホ）セヨ」（12 ウ 7）・「老大人（オホダンナ）ガ你（オマヘ）ヲ通（トホ）セロト云ヒマスヨ」（12 ウ 8）のような例がある。
　　右のような「トオセロ」「トオセヨ」といった例は、現在の共通語には見られないものである。広部精の生い立ちから見て、千葉方言が現れた可能性も考えられる。あるいは、命令形のこのような終助詞的口語尾の用法は後期江戸語でも徐々に衰退していった表現ではあるが（小松〈1985〉参照）、当時の東京でも使われていたのかもしれない。
　　この種の表現は、他にも種々のものが現れており、今後、明治初期に、「日常普通に使われる口語」であったのか、あるいは、方言であったのかを明らかにしていく必要があると考える。

「六字詰」の形式を真似て自ら著したものである[47]。舞台が日本で、主な登場
人物も日本人である。例えば、旦那（本屋の篠山、家僕の李八からは「ダンナ」、
同格と思われる柴の旦那からは「センセイ」と呼ばれている。上層）、柴の旦那、
本屋の篠山（「旦那」宅出入りの書肆の番頭）、東太郎（「旦那」の息子、若旦那、
12 才）といった人物が登場する。階層、人間関係（主従、親子）などがはっき
りしており、しかも、明治 12（1879）年のある日の出来事といったふうに話が
展開していく。

　『総訳亜細亜言語集』巻三「問答編」全 10 章は、全四巻のなかでも、とりわ
け自然な日常会話となっている。舞台は中国で、登場するのも多く中国人と西
洋人であり、しかも、訳述であるが、一続きの話の分量が比較的多いのが特徴
的である。

4. 2　文末における待遇表現の特徴

　「六字話」「問答編」に現れる文末表現について分析しまとめたものが【表1】
【表2】である。話し手、聞き手別に詳しく調べてあるが、煩雑を避けるため
「上層同士・中層同士」「上層→中下層」「中下層→上層」に大別して示した[48]。

47　広部精は、もと唐話を講じていたので、唐話学からの影響についても今後明らかにして
　　ゆかねばならないと考える。村上（1997）では、「近世唐話学の潮流が、近代にどのよ
　　うに流れ込んだのか、近代の側から言えば、どのように受けとめたのか、その実態を具
　　体的に明らかにすること」（65 頁）を目的とした論が展開されている。
48　旦那に相当する人物（大人、老爺等）を上層、それ以外の、出入りの商人、車引き、召
　　使い等は中下層とした。具体的に示すと、「六字話」では、「旦那」「柴の旦那」「東太郎
　　（旦那の息子）」を上層、「本屋の篠山」「家僕の李八」を中下層と認定した。ただ、「旦
　　那」と「東太郎」との会話は、父子の会話であるので、【表1】においても上層同士と
　　は別に集計して示した。当時の父子の会話を考える上で興味深いが、詳細については省
　　略する。「問答編」においては、「老爺（ダンナ）（3 人）」「大人（ダンナ）」「孟爺（モ
　　ウノダンナ）」「先生」を上層（「先生」はより細かく分類すれば教養層に当たる）、「直
　　隷の人」「天津の人」「日本の商人」を中層、「来福」「来順」「車引き」「龍田」「書肆の
　　使者」「道案内」「家僕」を中下層と認定した。
　　　なお、中下層同士の会話例は「六字話」「問答編」それぞれ 1 例ずつ現れている。先
　　に示した旦那の言葉を伝える取り次ぎの場面であり、いずれも敬体が用いられている。

【表1】『亜細亜言語集』「六字話」の文末表現

	敬体							常体				敬体常体総計
	です	でござる	でございます	であります	ます	その他敬体	敬体小計	だ	である	その他常体	常体小計	
上層同士		5	3	3	13	4	28			1	1	29
上層→中下層		5	3		10		18	1		7	8	26
中下層→上層	2		11		11	2	26	2		1	3	29
父親→息子（上層）					2		2	2		5	7	9
息子→父親（上層）					7		7	1			1	8
列計	2	10	17	3	43	6	81	6	0	14	20	101
百分率	2%	10%	17%	3%	43%	6%	80%	6%	0%	14%	20%	100%

　この「上層同士・中層同士」「上層→中下層」「中下層→上層」の場合について、文末表現を大きく敬体と常体[49]に分け、その中を更に個別の表現に分類して、以下に傾向を示すことにする。

【表2】『総訳亜細亜言語集』「問答編」の文末表現

	敬体							常体				敬体常体総計
	です	でござる	でござります	であります	ます	その他敬体	敬体小計	だ	である	その他常体	常体小計	
中層同士	50		3		45	3	101	3		4	7	108
上層同士	102	2	3	11	101	17	236	2		7	9	245
上層→中下層	106			12	112	3	233	36	2	117	155	388
中下層→上層	164		8	28	189	19	408			1	1	409
列計	422	2	14	51	447	42	978	41	2	129	172	1150
百分率	37%	0%	1%	4%	39%	4%	85%	4%	0%	11%	15%	100%

49　敬体には「でござる」を含めてある。

4. 2. 1　上層同士・中層同士の会話

　「六字話」では、上層同士で、敬体28例（97％）、常体1例（3％）が用いられている。「問答編」では、中層同士で、敬体101例（94％）、常体7例（6％）が、上層同士で、敬体236例（96％）、常体9例（4％）が使用されている。

　いずれも、同様の傾向が見られるので、総合すると、敬体365例（96％）、常体17例（4％）となっている。一部の少数例[50]を除いて、敬体が使用されていると言ってよい。例を見てみよう。

　　⑥　不錯、先念的是那個　左様<u>デス</u>、先（サキ）ニ読（ヨン）ダノハ那個
　　　（ソレ）<u>デゴザル</u>
　　　（『総』巻三「問答編」40ウ15　先生→旦那）

「六字話」の場合、旦那同士の会話であり、「でござる」5例、「でございます」3例等が用いられているが「です」は現れていない。一方、「問答編」の場合は、旦那と先生の会話等だが、「でござる」2例、「でござります」6例に対し、「です」が152例現れている。

4. 2. 2　上層→中下層

　「六字話」では、中下層に対して、敬体18例（69％）、常体8例（31％）が、「問答編」では、中下層に対して、敬体233例（60％）、常体155例（40％）がそれぞれ使用されている。

　「六字話」「問答編」ともほぼ同じ傾向が現れていると言ってよい。総合すると、敬体251例（61％）、常体163例（39％）となる。つまり、6割の敬体に対し、4割の常体が現れるのである。

　　⑦　這書価多少銭　コノホンノ、ネダンハ、イクラ<u>デゴザル</u>
　　　（『亜』巻一「六字話」2ウ11、旦那→本屋篠山）
　　⑧　這実在可憐　コレハ実ニ可憐（カワイ）ソウナコト<u>ダ</u>
　　　（『総』巻三「問答編」15オ9　旦那→徐）

50　煩雑になるのを避けるため、少数例の考察は省略する。
51　文末以外には28例現れているので、総例数は450例となっている。

「六字話」の場合、旦那から本屋あるいは家僕への会話であり、「でござる」5例、「でございます」3例等が用いられているが、「です」は現れない。「問答編」では、旦那から召使い等に対する会話であり、「でござる」「でござります」は現れず、「です」が106例使用されている。

4. 2. 3 　中下層→上層

「六字話」では、敬体26例（90％）、常体3例（10％）が、「問答編」では、敬体408例（100％）、常体1例（0％）が用いられている。総合すると、敬体434例（99％）、常体4例（1％）となる。敬体の例を見てみよう。

　　⑨　老爺看値多少　ダンナノ、オボシメシハドノクライデ、ゴザヒマス
　　　　（『亜』巻一「六字話」3オ2　本屋篠山→旦那）

「六字話」では、本屋、家僕から旦那への会話に、「でございます」11例、「です」2例が現れている。「問答編」では、主に召使いから旦那に対し「でござります」8例、「です」164例が認められる。

　以上、文末表現に関する訳し分けの存在が明らかになった。まず、上層同士・中層同士の会話、及び、中下層→上層の会話で、それぞれ、96％、99％という高率で敬体が使用される。これは、丁寧な表現を使わせるように訳されているといえる。一方で、上層→中下層では、敬体61％、常体39％という使用比が見られる。具体的には旦那から召使いに対する会話が多く見られるのだが、敬体を基調とする中に、常体を織り交ぜている。つまり、前二者と後者との間で、話し手と聞き手の階層差が、文末表現に影響を与えているのである。別に、階層差を無視し、全て「です」「ます」で統一するというような訳述等も可能であることを考えると、訳述の方針として「話し手及び聞き手における階層差の考慮」を挙げることが出来る。しかも、全体的に敬体が多用されるという文体上の特徴が認められる。

　一方、個別の表現を見てゆくと、既に見たように、「六字話」と「問答編」では、傾向が異なっている。

　「です」は、「六字話」では、本屋（篠山）から旦那への会話に2例現れただけであったが、「問答編」では、422例[51]、しかも様々な状況に現れている。こ

れは、比率で見ても「六字話」2%、「問答編」37%と大きく異なっている。

「でござる」は、「六字話」に10例（10%）（旦那同士、旦那→本屋・家僕）、「問答編」に2例（0%）（先生→旦那）現れており、いずれも上層の使用であるが、例数、及び、比率に偏りが見られる。

「でございます」は「六字話」にのみ17例（17%）（上層同士3、上層→中下層3、中下層→上層11）現れる。そして、「でござります」が「問答編」にのみ14例（1%）（上層同士・中層同士6、上層→中下層0、中下層→上層8）認められる。「でございます」専用と「でござります」専用ということになり、大きな違いである。

それでは、なぜ、「六字話」と「問答編」とでこのような差異が生じたのであろうか。刊年の差、自作と訳述の差（「六字話」は自作であり、「問答編」は訳述である）、訳述観の変化等が影響している可能性が考えられる。

以下、「です」を例に、洋学資料、戯作小説の類と比較しながら、この問題について考えることにする。

4.3　明治初期の「です」との関わり

明治初期における「です」の使用状況については、明治20年代以降等と比べると資料が少ないということもあり、洋学資料、戯作小説等一部のジャンルについての傾向が明らかにされているにすぎない。例えば、明治初期における洋学資料の「です」については、松村（1990）により検討がなされており、多数の洋学資料の中には、「です」が多用されているものとそうでないものとがあることが窺える。また、戯作小説の類では、飛田（1969）（1970）に、『西洋道中膝栗毛』（明治3～9年刊）及び『安愚楽鍋』（明治4年刊）を資料とし、洋学資料等では顧慮されてこなかった話し手聞き手をも視野に入れた研究がある。これによると、『安愚楽鍋』では「です」は5例のみで、しかも女性の使用例であり、『西洋道中膝栗毛』では、「です」は12例現れるが、仮名垣魯文の書いた初編～11編と、総生寛の12編～15編では、使用者の範囲が異なっているというように、問題のある語である。この他、共通語を目指した『沖縄対話』（明治13年刊）[52]のように「です」の現れない資料も多数見られることが知られている。

さて、中国語会話書の場合を、先行研究で明らかになっている資料の傾向と

比較しながら見てみよう。

「問答編」では、文末に 422 例、文中に 28 例、併せて 450 例の「です」が使用されている。活用形について見ると、デス 435 例、デショ 4 例、デシ 11 例という内訳になっている。これは、洋学資料の中で最も「です」が多用されている資料の一つである『英和通信』（明治 4〜5 年刊）の傾向（「です」全 464 例。デス 451 例、デショ 3 例、デシ 10 例）[53] と似通っている。

「問答編」における例を見てみよう。

⑩ 這画児是給你納令孫的　此ノ絵ハ您（アナタ）ノ御孫（オマゴ）へ
給（ヤル）ノ<u>デス</u>
（『総』巻三・31 オ 13　書肆の使者→孟の旦那　中下層→上層）

⑪ 察一察是必得的、還是先明白部首、是不是　調（シラベ）ルノハ是
非（ゼヒ）トモセネバナラヌガ、ヤハリ先（サキ）ニ部首（ブシユ）
ヲ覚（オボエ）ルノ<u>デシヤウ</u>、左様（サウ）<u>デスカ</u>
（『総』巻三「問答編」43 ウ 10　旦那→先生　上層同士）

⑫ 要快是那個的主意　早クスルノハ誰（ダレ）ノ主意（ノゾミ）<u>デシ
タカ</u>
（『総』巻三「問答編」8 ウ 14　旦那→車引き　上層→中下層）

一方、「です」は、「六字話」では 2 例、『参訂漢語問答篇国字解』（明治 13
年刊）でも 12 例しか現れていない[54]。ともに現れる形は「デス」であり、文末表現全体に占める割合も非常に低いものである。

「六字話」及び『参訂漢語問答篇国字解』の例を見てみよう。

⑬ 我看有点毛病　ワタクシノ、メデハ、スコシ、キズガアリマス、ヨー
<u>デス</u>（『亜』巻一「六字話」9 オ 15、本屋篠山→旦那・柴の旦那両人　中下

52　金子（1997）によると、『沖縄対話』には、「でござります」が 322 例現れている一方で、「です」は認められない。
53　松村（1990）による。
54　『参訂漢語問答篇国字解』（上中下巻計 297 頁）には、文末表現として、「でござります」「ましてござる」等の形が多数認められる。
　なお、該書は全くの自作ではないが、訳述した福島九成が序でも述べているように、中国語の原文にかなり改変を加えている。改変の詳細については第 1 章で論じた。

層→上層）

⑭　連我也是白費了工夫略　ワタクシマデモ、ムダニ、ヒマヲツイヤス
　　ワケデス<u>ヨ</u>、（『参訂漢語問答篇国字解』巻下 218 頁 13 行）

　以上、明治初期における「です」についての先行研究を踏まえた上で、改め
て、「六字話」と「問答編」との違いについて考えてみたい。まず、先行研究
により、「です」を多用する資料と多用しない資料があることから、明治 12
（1879）年と明治 13（1880）年という刊年の差が「です」の多寡に影響してい
るとは考えにくい。次に、自作と訳述の違いが影響していることについては十
分考えられる。先行研究から、「です」の多用されるものは洋学資料の一部の
みであることが判るが、この資料と「問答編」との類似については注目してよ
かろう。また、自作に当てはまるものは、『安愚楽鍋』『西洋道中膝栗毛』や
『沖縄対話』、『参訂漢語問答篇国字解』であるが、いずれも「です」が多用さ
れていないことなども参考になる。この他、広部精自身における訳述（著述）
観の変化についても、十分考えられる。『亜細亜言語集』及び『総訳亜細亜言
語集』を執筆する過程で、どのように訳述するのが最上であるか模索していた
可能性があるのである。

　「六字話」と「問答編」との差異の由って来る所については、これ以上は言
えないが、「でございます」「でござります」の違いや、登場人物が日本人か外
国人かといった相違等から見て、「六字話」の方が、日常の実態に近く、「問答
編」は共通語を意識した少々型にはまった言い方の実態に近いのではないかと
考える [55]。詳しくは、今後、明治初期における様々なジャンルの資料を調査し
なければならないであろう。

5　まとめと今後の課題

　中国語会話書は、従来、日本語学ではほとんど利用されてこなかった資料で
あるので、どのような資料があるかを提示し、近代語の資料、とりわけ明治初

55　実態と作者（訳者）の認識に関しては、園田（1996）で嘗て論じたことがある。

期における口語資料としての位置づけを明確にした。このことが、ここでの大きな目的であった。

　まず、『亜細亜言語集』『総訳亜細亜言語集』における訳述方針の検討から、「俗語」すなわち「日常普通に使われる同時代の口語」が使われていることを把握し、この二つの資料が明治初期の口語資料として利用できるものであると考えた。

　具体的に文末表現について検討したところ、口語資料の性格として、「話し手及び聞き手における階層差の考慮」を挙げることが出来、しかも、全体的に敬体が多用されるという文体上の特徴が認められた。その上で、文末表現のうちの「です」を例に、「六字話」と「問答編」との傾向の相違に関し、自作と訳述という観点から、洋学資料、戯作小説の類との対比を踏まえ、明治初期の実態との関わりについて考察した。現在の所、「六字話」の方が、日常言語の実態に近く、「問答編」は共通語を意識した少々型にはまった言い方の実態に近いのではないかと考えている。

　以上のことから、『亜細亜言語集』及び『総訳亜細亜言語集』は、従来の洋学会話書と同様に、近代日本語資料として利用できるのではないかと考える。特に、『総訳亜細亜言語集』における「です」の多用について、一部の洋学資料と似通った傾向が認められることは注目に値する。今後、未だ明らかにされていない明治初期における「です」等の語の実態について、中国語会話書の傾向なども参考にしながら、様々なジャンルの資料を調べることにより、考察を深めていきたいと思っている。

第6章

明治前期中国語会話書9種における助動詞「です」の用法について

1　はじめに

　助動詞「です」は、古くは、狂言、或いは、噺本、滑稽本等にも用例が見られるのであるが[56]、現代語的な用法が現れてくるのは、明治もほど近い幕末になってからである[57]。この現代語的な「です」の用法に関しては、先学に、多くの研究が見られ、その中でも特に、明治初年（元年から9年頃まで）の洋学会話書を扱った松村（1990）、及び、明治20（1887）年前後の雑誌・小説を資料とした原口（1972）により、明治初期における「です」の用法が明らかになってきている。

　このような日本語史における「です」の研究史を踏まえた上で、本章では、未だ詳細な研究のなされていない明治10年代（特に前半期）[58]を中心に、考察していこうと思う。

　資料として後掲の中国語会話書9種を利用する。「です」を頻用する資料に乏しい当期にあって、中国語会話書の中には、1作品で「です」が1040例も現れる資料があり、分析を行うに値すると考えるからである。

2　明治初期の会話書と助動詞「です」

56　湯沢（1930）（1954）、中村（1948）、吉川（1977）参照。

57　小島（1959）、辻村（1964）（1965）、和久井（1973）に詳しい。また、松村（1990）でも、幕末期人情本における「です」について考察されている。

58　進藤（1959）には、明治10年の用例が数例挙げられているが、分析するまでにはいたらず、「当時のですことばのニュアンスを知る上にも階層や年齢などを知りたいところである。」と結んでいる。また、原口（1972）でも、最後に「いまだよく知られていない明治10年代の調査が進めば、20年代の特徴は更に明確になることが期待できるようである。」と述べられている。

「です」は、明治も 20 年に近づく頃には、様々な資料に多数現れるようになるのだが、明治 15（1882）年以前では、まだそれ程資料に現れてはこない。このような中で、一部の会話書に、「です」の特に多用されるものが見られるのである。会話書の刊行は、社会情勢などにより、歳による変動が著しい[59]。洋学会話書は、明治 5（1872）年前後に多数刊行されるが、その後、明治 10 年代のはじめには刊行が減る。再び、盛んになるのは明治 18（1885）年頃からである[60]。この洋学会話書の低調な時期に、個性的な中国語会話書[61]、韓国語会話書[62] が世に現れるのである。

　本章で扱う中国語会話書 9 種について、以下、刊年順に《資料№・略称》《刊行年月》《資料名》《利用》[63] について掲げよう。

《資料№・略称》《刊行年月》　　《資料名》　　　《利用》

(1)『三』　明治 11（1878）年 12 月『日本支那英三国はなし文章』（国図）

(2)『亜』　明治 12（1879）年 6 月『亜細亜言語集』巻一（狩野）

(3)『総』　明治 13（1880）年 4 月『総訳亜細亜言語集』巻一（国図）

(3)『総』　明治 13（1880）年 5 月『総訳亜細亜言語集』巻二（国図）

(3)『総』　明治 13（1880）年 8 月『総訳亜細亜言語集』巻三（国図）

(4)『参』　明治 13（1880）年 9 月『参訂漢語問答篇国字解』（国図）

(3)『総』　明治 15（1882）年 12 月『総訳亜細亜言語集』巻四（国図）

(5)『須』　明治 16（1883）年 2 月『英和支那通弁須知』（国図）

59　時代が下るが、中国語会話書について言えば、日清戦争（明治 27・28 年）、日露戦争（明治 37・38 年）の前後に急増する。

60　松村（1970）参照。また、『国立国会図書館蔵書目録　明治期　第 5 編　芸術・言語』（1994 年刊）でも、おおよその傾向を窺うことが出来る。

61　本文で触れなかったものの中には、『日清対話』第 1 編（明治 13 年刊）のように全て中国語で書かれたものも多い。また、『漢語捷径』巻一（明治 4 年序）のように、明治初年にも、中国語会話書が見られないわけではないが、「です」は現れていなかった。

62　例えば、『日韓善隣通語』（明治 14 年 1 月刊）、『和韓会話独学』（明治 15 年 8 月序識年）を調べたところ、「です」は現れないので、今回本文では触れないが、『日韓善隣通語』における上等中等下等の三等に分けた対訳などは、注目に値するものである。

63　利用に関しての略号は以下の通りである。
　　（国図）…国会図書館蔵本
　　（狩野）…東北大学狩野文庫蔵本
　　（集成）…『中国語教本類集成』（不二出版、復刻）

(6)『独』　明治18（1885）年7月『英清会話独案内』（国図）

(7)『自』　明治18（1885）年8月『英和支那語学自在』[64]（国図）

(8)『四』　明治20（1887）年4月『四国会話』[65]（国図）

(9)『合』　明治21（1888）年12月『日漢英語言合璧』（国図）

　(1)から(4)が、明治11（1878）年から明治15（1882）年にかけて刊行された資料で、今回特に明らかにしたい時期の資料である。(5)から(9)は、いずれも、日中英会話書（(8)は日中英仏会話書）であり、明治16（1883）年から明治21（1888）年の間に刊行されている。これらは、一括して「日中英会話書5種（(5)〜(9)）」と名付け、(1)から(4)の資料との対比、明治初年の洋学会話書との比較等に活用する。

3　中国語会話書における助動詞「です」

3. 1　「活用形」別全用例数について

　前掲の中国語会話書9種（(1)〜(9)）について、「です」[66]の「活用形」[67]別に例数を示したものが【表1】である。

【表1】中国語会話書9種の合計

	(1)三	(2)亜	(3)総	(4)参	(5)須	(6)独	(7)自	(8)四	(9)合	行計	百分率
デス		5	999	12	19	113	117	57	53	1375	93%
デショ（ウ）	1		14			21	2			38	3%
デシ（タ）			26		2	18	3	3	9	61	4%
デシ（タロウ）						1				1	0%
デシ（テ）			1							1	0%
列計	1	5	1040	12	21	153	122	60	62	1476	100%

(5)〜(9)計　　418

　9種総計して1476例の「です」が現れている。「活用形」別に見ると、「デ

64　別名、『英和支那通語自在』とも。

65　「一名・世界独行自在」と併記される。日中英仏会話書。

66　「です」のように平仮名で表記したものは、語を表し、「デス」「デショ（ウ）」「デシ（タ）」「デシ（タロウ）」「デシ（テ）」のように片仮名を用いたものは、実際に現れた形（「活用形」）を示すものとする。

ス」の形が 1375 例で全体の 93 % を占め、次いで、「デシ（タ）」61 例（4 %）、「デショ（ウ）」38 例（3 %）が見られる。この他、「デシ（タロウ）」「デシ（テ）」が 1 例ずつ用いられている。

　資料別では、(3)『総』に最も多く、1040 例現れている。松村（1990）での調査による洋学会話書で、「です」が最も多く現れている資料として、『英和通信』（明治 4 ～ 5 年刊）、『英和通語』（明治 6 年刊）が該当するが、用例数はそれぞれ、464 例、155 例というように、半数に満たないものである。

　【表 2】に、(3)『総』全四巻の巻別内訳を示した。(3)『総』の資料面についてはすでに園田（1997）において詳述した。因みに、(3)『総』巻三の「です」450 例については、園田（1997）で、文末表現として見る観点から、他の「でござります」「でございます」「でござる」等の文末表現全体の中で考察を試みている。

【表 2】(3)『総訳亜細亜言語集』巻別内訳（全四巻）

	巻一	巻二	巻三	巻四	行計	百分率
デス	286	17	435	261	999	96%
デショ（ウ）			4	10	14	1%
デシ（タ）	1		10	15	26	3%
デシ（タロウ）					0	0%
デシ（テ）			1		1	0%
列計	287	17	450	286	1040	100%

　当然の事ながら、【表 2】からも判るとおり、同じ訳述者の作品でも、巻により内容等が異なり、その結果として、「です」の使用不使用に大きな影響が与えられている。

3. 2　上接語について

　【表 3】に上接語別に分類した表を掲げた。(3,9,1,1) のような形式を用いて、「デショ（ウ）」以下の「活用形」の内数も併せ示した。

67　同じ連用形の「デシ」であっても、「デシ（タ）」と「デシ（テ）」とでは接続に関し用法が異なる旨、辻村（1965）に述べられており、一般に使われる意味での活用形だけを示したのでは不十分であることが判る。今回現れた「デス」「デショ（ウ）」「デシ（タ）」「デシ（タロウ）」「デシ（テ）」の形をそれぞれ別の「活用形」と呼ぶことにした。

「名詞・代名詞・形容動詞語幹」として分類した項目が858例（58%）で最も多い。「活用形」の内訳は、「デス」が823例、「デショ（ウ）」14例、「デシ（タ）」21例となっている。例を見てみよう。

　　①　這個是甚麼意思　これはどふいふことでしやう（(1)『三』18ウ13）

　　②　這顔色児鮮亮一点児　此色ハ少シ花ヤカデス（(5)『須』61頁2）

「名詞・代名詞・形容動詞」が準体助詞「の」を伴って「です」の上接語となった例は25例見られた。このうち、形容動詞に準体助詞「の」が付いた例は、(3)『総』に4例あり、以下のようになる。

　　③　用行書那就算草率　行書ヲ用ユルノハ、那（ソレ）ハ草率（ソマツ）ナノデス（(3)『総』巻一下第33章15オ4）

【表3】には、上接語として分類したものを全て掲げたが、紙数の都合もあり、以下では、活用語に接続する場合を中心に解説を加えることにしよう。この際、準体助詞「の」を伴う場合[68]についてもともに考える。

3. 2. 1　動詞

動詞に直接「です」が続く場合が11例、準体助詞「の」を伴う場合が131例認められた。「活用形」別に、「デス」「デショ（ウ）」「デシ（タ）」の順に見ていこう。

まず、動詞＋「デス」は、(3)『総』にのみ4例現れている。例を見てみよう。

　　④　請他教我們説話　那人ニ願テ私共ニ話ヲ教（ヲシヘ）テ貰（モラフ）デス（(3)『総』巻一上6ウ2）

---

[68]　【表3】下段において、「です」の上接語としての準体助詞「の」の、全上接語における位置づけを示した。375例あり、25%を占める。但し、このように多用される傾向には、(3)『総』（及び(2)『亜』）における傾向（(3)『総』33%）が影響を与えているのであり、これ以外の資料では、例えば、日中英会話書5種（(5)〜(9)）では、418例中29例であるから7%にすぎない（個別に見ても、(5)『須』0%・(6)『独』10%・(7)『自』10%・(8)『四』3%・(9)『合』0%）。

　一方、洋学会話書はどうかというと、更に少ないのである。松村（1990）によると、『英和通信』（明治4〜5年刊）の「です」464例中、「のです」となるものは、わずかに9例（2%）であり、『マスタリーシステムによる日英会話書』（明治8年刊）でも、「です」121例中、「の（ん）です」は8例（7%）止まりである。

【表3】「です」の上接語別分類（「活用形」考慮）

		(1)三	(2)亜	(3)総	(4)参	(5)～(9)	行計	百分率
〈0〉	名・代・形動語幹	1 (1,0)	2	565 (4,11)	7	283 (9,10)	858 (14,21)	58%
	★名・代・形動＋の			19		6	25	2%
〈1〉	動詞			8 (2,2)		3 (3,0)	11 (5,2)	1%
	★動詞＋の		1	123 (3,1)		7 (1,0)	131 (4,1)	9%
	形容詞			13			13	1%
	★形容詞＋の			27		3	30	2%
	ません			26 (0,10)		15 (0,15)	41 (0,25)	3%
	ませぬ					2 (0,2)	2 (0,2)	0%
	助動詞「ます」					2 (2,0)	2 (2,0)	0%
	★ます＋の			1			1	0%
	助動詞「た」			1 (1,0)			1 (1,0)	0%
	★た（だ）＋の			136 (3,0)		12 (2,0)	148 (5,0)	10%
	助動詞「ない」			1			1	0%
	★ない＋の			7			7	0%
	助動詞「べき」					1	1	0%
	★ぬ（ませぬ以外）＋の			22 (1,0)		1	23 (1,0)	2%
	★他助動詞＋の			8			8	1%
〈2〉	比況・ようです		2	6 (0,1)	1	7	16 (0,1)	1%
	伝聞・そうです			6	1	4	11	1%
	様態・そうです					2	2	0%
	お・ご～です			22 (0,1,0,1)	2	35 (3,8,1)	59 (3,9,1,1)	4%
	副詞			17	1	24 (1,0)	42 (1,0)	3%
	「の」以外の助詞			26		10 (2,0)	36 (2,0)	2%
	接尾語			1		1	2	0%
	「　」です			3			3	0%
	★「　」のです			1			1	0%
	★その他＋の			1			1	0%
	列計	1 (1,0)	5	1040 (14,26,0,1)	12	418 (23,35,1)	1476 (38,61,1,1)	100%
★印合計（準体助詞「の」内数）		1		345 (7,1)		29 (3,0)	375 (10,1)	25%

（　）…（デショウ,デシタ,デシタロウ,デシテ）の内数。★…準体助詞「の」が上接語となるもの。

⑤　我還要拝他去。見不見憑他　私ハマタ彼ニ御目（オメ）ニカ、リニ
　　往（ユカ）ウト思フカ、見（アフ）トアハヌハ彼ノ都合次第ニ<u>スル
　　デス</u>（（3）『総』巻一下8ウ4）

⑥　那実在過逾虚詐　ソレハ実ニ<u>虚詐（ウソツパチ）過（スギ）ルデス</u>
　　（（3）『総』巻三第6章24オ12　龍田→大人）

⑦　所思所算的。爽爽利利児的。随了心的。　思フトコロ算（ハカ）ル

　　　　　トコロノモノハ爽利（テキパキ）ト心ノマヽニナルデス

　　　　　（⑶『総』巻四上第13章14ウ2）

　松村（1990）によると、明治初年の洋学会話書には、「デス」が動詞に直接
した例は見られない。原口（1972）では、明治10年代後半から20年代のはじ
めにかけて、このような直接形を多用する速記資料について述べられている。
⑶『総』に4例ではあるが、直接形が現れている点注目される。

　一方、準体助詞「の」を介する例は多く、126例に及ぶ。資料別では、⑵
『亜』に1例、⑶『総』に119例（巻一…29例、巻三…50例、巻四…40例）、日
中英会話書5種（⑸～⑼）に6例（⑹『独』3例、⑺『自』2例、⑻『四』1例）
現れている。例を見てみよう。

　　⑧　小的是替哥哥来、替工　私ハ兄（アニキ）ノ代（カハ）リニ来（キ）
　　　　テ、仕事（シゴト）ヲスルノデス（⑶『総』巻三第3章5ウ14）

　　⑨　把這幾処児毛病児若改了。不拘到那児去射。一定必衆　此（ソ）ノ
　　　　辺ノ毛病（クセ）ヲ若シ改（ナホ）セバ、何処（ドコ）ヘ往テ射（イ）
　　　　テモ屹度人ノ上（ウヘ）ニナルノデス（⑶『総』巻四第10章11ウ12）

　次に、動詞＋「デショ（ウ）」であるが、⑶『総』に2例、⑹『独』に3例、
計5例が認められる。例を見てみよう。

　　⑩　我知道了。想是怕我来喝喜酒罷　思フニ〔您ガ出世スルカラ〕多分
　　　　ハ私ガ来テ祝（イワイ）ノ酒ヲ飲（ノム）デシヤウヨ

　　　　（⑶『総』巻四上第12章14オ4）

　　⑪　怎麽還能賞功罰罪呢　何（ドウ）シテマタ能ク功ヲ賞シ罪ヲ罰スル
　　　　デシヤウカ（⑶『総』巻四第15章16ウ14）

　　⑫　大概北辺児跟西辺再広一広　北ト西ノ端ヲ占ムルデショー
　　　　（⑹『独』25頁8）

　　⑬　魚舗也開別的地方麽　魚店モ亦別ノ端ヲ占メルデショーカ
　　　　（⑹『独』25頁10）

　　⑭　好些個地方拝客去麽　諸方ヘ御見舞ナサルデショーカ
　　　　（⑹『独』　28頁9）

　一方で、動詞＋の＋「デショ（ウ）」は、⑶『総』に3例（巻三…1例、巻四
…2例）、⑹『独』に1例、計4例見られた。以下のような例である。

⑮　想必是粧假罷　思フニ屹度御遠慮（エンリヨ）<u>ナサルノデシヤウ</u>
（⑶『総』巻四第 11 章 12 オ 15）

⑯　宰牲口的人住在那児　肉屠リノモノハドノ方ニ<u>住スルノデショーカ</u>
（⑹『独』25 頁 5）

更に、動詞＋「デシ（タ）」は、⑶『総』に 2 例見られる。

⑰⑱　他説得是往北往南我不記得　彼ガ言フタノハ、北ヘ<u>往（ユ）クデ
シタカ</u>南ヘ<u>往クデシタカ</u>、私ハ覚（オボヘ）マセンデス
（⑶『総』巻三第 5 章　18 オ 8　龍田〈召使い〉→大人〈旦那〉）

この例などは、「デシタカ」が「北ヘ往（ユ）ク」「南ヘ往ク」の部分全体
を承けていると考えることもできる。

準体助詞「の」を介した例は以下の 1 例が認められた。

⑲　是咱們昨児定規的、今児見　ヘ、御互ガ昨日御約束<u>シタノハ</u>、今
日御目ニカヽル<u>ノデシタナ</u>（⑶『総』巻三第 10 章 43 オ 9）

以上、動詞の場合についてまとめてみよう。

準体助詞「の」＋「です」の形は、⑶『総』の、他の中国語会話書、及び、
洋学会話書と大きく異なる特徴である。以下は、おおむね、⑶『総』の傾向と
なる。個条書きに記そう。

○ 動詞直接形が 11 例認められる。

○ 動詞直接形（11 例）は、準体助詞「の」を介する例（131 例）に比し、か
なり少ない（8％）。

○ 特に、動詞＋「デス」（4 例）は、動詞＋の＋「デス」（126 例）に比し、
相当に少ない（3％）。

○ 一方、「デショ（ウ）」の場合は、動詞＋「デショ（ウ）」（5 例）、動詞＋の
＋「デショ（ウ）」（4 例）のように、拮抗している。

○ 但し、動詞直接形と準体助詞「の」を介する例とでは、意味用法に相違
が認められる場合がある（例えば、⑶『総』巻一の準体助詞「の」を介する
中国語の文は全て、「是構文」を中心とした説明を表す文か、疑問文であるのに
対し、直接形の 2 例は単なる事実を述べた文であるというように）。

3. 2. 2　形容詞

　形容詞直接形は、全て、形容詞＋「デス」の例で、⑶『総』にのみ13例認められた。まずは、全例を挙げることとする。

⑳　記得的少不記得的多　覚（オボエ）タノガ少（スコ）シデ。覚（オボエ）ナイノガ多（オホ）イデス（⑶『総』巻一上6オ8）

㉑㉒　那俩団糸一団是粗的。一団是細的　那ノ二タ丸ノ糸ハ、一ト丸ハ粗（アラ）イデス、一ト丸ハ細（ホソ）イデス（⑶『総』巻一下6オ6）

㉓　待人都是刻薄　人ヲ待（アシラ）フノガ皆ナ刻薄（テヒドイ）デス（⑶『総』巻一下8オ8）

㉔　那紗原来是好紗。又是新的　那ノ紗ハ原来善（ヨイ）紗デ又タ新シイデス（⑶『総』巻一下9ウ4）

㉕　到了河西。那児的山水也可以　河西ヘ到（ツケ）バ那児（アソコ）ノ山水（サンスヰ）モマタ宜（ヨイ）デス〔見宜（ミヨ）イコトナリ〕（⑶『総』巻一下9ウ4）

㉖㉗㉘　若論円扁的不同。那西瓜就是円的。那一本書就是扁的。那個銭是又円又扁的　若シ丸イト平（ヒラ）タイトノ不同（チガヒ）ヲ分（ワケ）テ云ヘハ、那ノ西瓜（スイクワ）ハ就（ソレ）ハ丸イデス、那ノ一冊ノ本（ホン）ハ、ソレハ平タイデス、那ノ銭ハ又タ丸クテ平タイデス（⑶『総』巻一下17オ7）

㉙　這個辦法容易。那個費事得很　此ノ辦（サバ）キ法（カタ）ハ容易デス、那ハヒドク費事（メンドクサイ）デス（⑶『総』巻一下18オ3）

㉚　這井是頂深的呀　此ノ井戸ハ甚ダ深イデスカ（⑶『総』巻2・8　オ2）

㉛　那倒是歳数児還小呢、常愛病　アレハ歳（トシ）ガマダ小（チイ）サイデスヨ、常（イツ）モ病（ワヅラ）ツテバカリ居（オリ）マス（⑶『総』巻三第4章15オ4）

㉜　都比你納高貴了　皆ナ您ヨリモ高貴（タットイ）デス（⑶『総』巻四上12章13ウ13）

　松村（1990）によると、形容詞直接形は、明治初年の洋学会話書のうちでも、明治5、6年のものには現れず、少し時代が下り、明治8（1875）年の『マスタリーシステムによる日英会話書』になって、漸く、3例現れ、注目されるという。⑶『総』の13例も、このような洋学会話書の傾向と無縁ではないと思われる。

　準体助詞「の」を介する例は、⑶『総』に27例（巻一…3例、巻三…10例、
巻四…14例）、日中英会話書5種（⑸〜⑼）に3例（⑺『自』2例、⑻『四』1例）
見られた。例を見てみよう。

　　㉝　阿、十六歳中秀才、也就算早阿、是先生的天分高　アー、十六歳デ
　　　　秀才（シウサイ）ニ中（ナツ）タノハ〔注文略〕マタ早（ハヤ）イノ
　　　　デス、コレハ先生ノ御器（ゴキ）量（リヤウ）ガ善（ヨイ）カラデス
　　　　（⑶『総』巻三第9章41ウ15）

　　㉞　這算是頂好的　此レガ極ヨイノデス（⑻『四』43頁5）

形容詞の場合をまとめてみよう。
○　形容詞直接形が13例、準体助詞「の」を介する例が30例認められた
　（「活用形」は全て「デス」）。
○⑶『総』巻一では、形容詞直接形が10例、準体助詞「の」を介する例が3
　例であるのに対し、⑶『総』巻三では、それぞれ、1例、10例のように傾向
　が異なっている。これには、巻一は文の羅列であるが、巻三は純粋な会話
　（対話）になっているという違い、及び、巻一では、事実の説明が主（⑳〜
　㉙参照）であるのに対し、巻三では、「何故〜のですか」のような理由の説
　明、あるいは、強調が主になっているという相違が影響していると考える。
○つまり、⑶『総』巻一と巻三の傾向の違いは、文の性質に依るところが
　大きいのであり、実際、巻一の準体助詞「の」を介する3例の内、2例は
　「何故〜のですか」等、理由の説明の例として考えることが出来る。

3. 2. 3　ません・ませぬ・ます

「マセンデス」のように、「ません」と「デス」が直接した形は、⑶『総』に
のみ16例見られた。

⑶『総』16例の内、巻三に現れた7例については、詳しい分析が可能であり、
階層別に見ると、【中層同士】1例、【下層→上層】6例となっている。

　　㉟　他説得是往北往南我不記得　彼ガ言フタノハ、北往（ユ）クデシタ
　　　　カ南ヘ往クデシタカ、私ハ覚（オボヘ）マセンデス
　　　　（⑶『総』巻三第5章18オ8　龍田〈召使い〉→大人〈旦那〉）

「マセンデス」は、松村（1990）によると、明治初年の洋学会話書では、『会話篇』（明治6年刊）にも現れており、原口（1972）にも用例が見られるが、現在では、丁寧すぎる表現として標準的なものとは見なされていない。ただし、㉟の例などは、召使いから旦那への会話であることを考えると、このように丁寧すぎる表現を使っているのは、むしろ、自然である。

「マセンデシ（タ）」は、⑶『総』に10例、⑹『独』に15例、「マセヌデシ（タ）」が⑹『独』に2例現れている。

　　　㊱　許多年没得見面児了　許多年（ヨホドヒサシク）面（カホ）ヲ見<u>マセンデシタ</u>（⑶『総』巻四上第22章23オ11）

この「マセンデシ（タ）」は、明治初年の洋学会話書（松村1990）では、『英和通信』に6例、『英和通語』に3例、『会話篇』に2例現れている。

この他、「マスデショ（ウ）」という「ます」と「デショ（ウ）」が直接した形が、⑹『独』に2例認められた。

　　　㊲　売野菜的還菓子的多不多　野菜（ヤサイ）商人ヤ菓物商人ハ沢山アリ<u>マスデショーカ</u>（⑹『独』25頁16）

また、「マスノデス」という形が⑶『総』に1例見られた。

　　　㊳　你這麼慢走。是身子有病麼　汝ハ此様ニ遅（オソ）ク往（アル）キナサルハ、身子（カラダ）ニ病氣（イタミ）デモ有リ<u>マスノデスカ</u>（⑶『総』巻一上19オ7）

3. 2. 4　その他の助動詞

　　　㊴　又恐怕走岔了道呢。　恐ラクハ道ヲ走（フミ）チガヘ<u>タデシヤウ</u>（⑶『総』巻四上第9章10ウ4）

　　　㊵　両様児都不好　両様（リヤウヤウ）トモ皆ナ<u>不好（イケナイ）デス</u>（⑶『総』巻三第6章25オ2）

　　　㊶　那麼様的時候児得送回信　ソーイフ時ニハ返事ヲヨコス<u>ベキデス</u>（⑹『独』〈明治18年刊〉85頁11）

その他の助動詞と「です」とが直接した例として、以上の3例が挙げられる。㊴は、「タ（ダ）ノデス」143例、「タノデショ（ウ）」5例、併せて148例見られたのに対して、ただ1例直接した例である。

また、㊶のような直接形「ベキデス」の例は、辻村（1965）では、「新しい現代的な言い方」とされている。

3. 3　下接語について

【表4】「です」の下接語別分類（「活用形」考慮）

		(1)三		(2)亜	(3)総		(4)参	(5)〜(9)		行計		百分率
〈0〉	なし	1	(1,0)	4	721	(10,18,0,1)	1	277	(15,27,1)	1004	(26,45,1,1)	68%
〈1〉終助詞	終助詞「か」			1	236	(3,4)	1	122	(6,6)	360	(9,10)	24%
	終助詞「よ」				33	(1,0)	1			34	(1,0)	2%
	終助詞「な」				4	(0,1)		2	(0,1)	6	(0,2)	0%
	終助詞「ね」						1	2	(2,0)	3	(2,0)	0%
	終助詞「かね」				2					2		0%
	終助詞「ぜ」							1		1		0%
	終助詞「や」							1		1		0%
	終助詞「とも」						1			1		0%
	終助詞「ねい」							1		1		0%
	終助詞「わな」				1					1		0%
〈2〉接続助詞等	接続助詞「から」				29	(0,3)	2	6	(0,1)	37	(0,4)	3%
	接続助詞「が」				11		5	3		19		1%
	接続助詞「ものを」				2					2		0%
	格助詞「と」				1			1		2		0%
	「して」							1		1		0%
	「だろうか」							1		1		0%
列計		1	(1,0)	5	1040	(14,26,0,1)	12	418	(23,35,1)	1476	(38,61,1,1)	100%

（　）…（デショウ,デシタ,デシタロウ,デシテ）の内数。

【表4】に「です」の下接語別の分類を示した。このうち、下接語が何もつかないもの[69]が1004例（68%）で最も多く見られる[70]。「活用形」の内訳は

---

[69] 「活用形」に下接する語を下接語と捉えたので、例えば、「〜デショウ。」の場合は、下接語が付かない例と考えている。

[70] 甲田（2016）によると、現代語では、「日本語の会話における述語末では、終止形のみで終了する場合や、過去や否定などの助動詞が付加された場合であっても終助詞や接続助詞の付加要素を伴わない場合は少ない」（要旨）という。大学生・大学院生の対面会話の調査では、「用いられた述語用言（動詞、形容詞、だ、です等）の総数12626のうち、述語末で終助詞や接続助詞が付加せずに用いられていたのは、1025回であった。言い切り計は全体の8%にすぎず、述語用言に終助詞が付加していない形は非常に限定された環境で用いられていた」という（甲田 2016 60〜61頁）。

「デス」931 例、「デショ（ウ）」26 例、「デシ（タ）」45 例、「デシ（タロウ）」1 例、「デシ（テ）」1 例となる。例を見てみよう。

　　㊷　掌燈的時候児必乏了巴　夕方ニハ御尊父ハ御疲レデシタロウ

　　　　（（6）『独』3 頁 20）

　　㊸　老爺欠安、他們是急於和我要銭　旦那ガ御不快デシテ、彼共ハ急ニ私ニ銭ヲ要メマシタカラ　（（3）『総』巻三第 3 章 7 オ 6）

　また、疑問の終助詞「か」を伴った例が 360 例（24%）現れている。何も下接しない例と合わせ、これら 2 種で 92% を占める。この他には、「か」を除いた終助詞、及び、接続助詞などが認められる。以下、終助詞[71]の場合を中心に見てみよう。

　終助詞は【表 4】に例示した 10 種が下接する。「か」が 360 例（24%）であることは先程述べたが、以下多い順に、「よ」34 例（2%）、「な」6 例、「ね」3 例、「かね」2 例、「ぜ」「や」「とも」「ねい」「わな」各 1 例（「な」以下合計して 1%）となっている。例を見てみよう。

　　㊹　那麼着、多謝呀　サヨウデスカ、アリガタウゴザヒマス

　　　　（（2）『亜』巻一・9 オ 7）

　　㊺　這正是我想着的呀　此ハ丁度私ガ思フタノデスヨ、

　　　　（（3）『総』巻二・8 オ 13）

　　㊻　説是很好看　夫ハ立派ナモノデゴザイマスダ[72]ト云コトデスゼ

　　　　（（6）『独』21 頁 11）

　「活用形」を見ると、「デス」には、10 種全ての例がある。「デショ（ウ）」には、「か」「ね」「よ」が、それぞれ、9 例、2 例、1 例下接し、「デシ（タ）」には、「か」「な」がそれぞれ、10 例、2 例下接した例が見られる。例を見てみよう。

　　㊼　開市是不遠巴　開場ハ何レ近々ノ内デショーネ　（（6）『独』26 頁 6）

71　終助詞のほかには、【表 4】からも判るとおり、接続助詞その他のものがある。その他の例として「デスシテ」「デスダローカ」（各 1 例）を挙げておく。
　　㊾　那是最妙極了走々野地実在爽快　尤モ愉快デスシテ野原ヲ早足又ハ馳走デ通ルコトハ面白ローゴザイマス（（6）『独』36 頁 11）
　　㊿　是売甚麼　何ノ販賣デスダローカ（（6）『独』24 頁 6）
72　原文のまま記した。

㊽　今児是礼拝我想怕是您不在家巧了您在家　今日ハ休暇故定メテ御留
　　守ト存ジマシタガ能ク御在宅<u>デシタナ</u>（⑹『独』64 頁 26)

　最後に、資料の面から見てみよう。「か」は、下接語として終助詞の現れる
資料に遍く認められる。つまり、中国語会話書で、ごく一般的な下接終助詞と
いえよう。一方、他の 9 種の終助詞は、例えば、「よ」(34 例）は、⑶『総』
(33 例）と⑷『参』(1 例）にしか現れていない等、数が少ないだけでなく、資
料的な偏りが顕著に見られる。更に、「か」を除き、2 種以上の終助詞が現れ
る資料は、⑶『総』、⑷『参』、⑹『独』のみである。⑷『参』などは、「です」
の総例数が 12 例と少ないにも関わらず多様な点は、特異である。また、⑹
『独』は、終助詞に限らず、下接語が多岐に渡っている点注目される。

4　まとめと今後の課題

　以上、明治 10 年代（前半）を中心とした中国語会話書 9 種における「です」
の用法を、「活用形」、待遇差、資料間の差異等を考慮しながら、上接語別、下
接語別に分類し、明治初年の、或いは、明治 20 年代の用法と対比させながら
論じてきた。
　なかでも、従来問題になっている、「です」が活用語にそのまま、或いは、
準体助詞「の」を介して接する場合について詳しく見ていった。動詞直接形が
現れる点や形容詞直接形が比較的多く現れていることなど、明治初年の洋学会
話書とは、異なった傾向も見られる。その一方で、明治 20 (1887) 年前後の雑
誌、小説類に通じる用法も見受けられる。今後更なる考察が必要である。
　この他、本章では、中国語文の性質や文脈を手掛かりに、従来の洋学会話書
の分析では、顧慮されなかった、活用語直接形と準体助詞「の」を介するもの
との意味の差に言及したが、これは、中国語会話書でなければ、考察を深めら
れなかったことであると考える。この視点をもって、幕末期の人情本にみられ
る「の」を介する言い方と、化政期の直接形との繋がり等について、論を発展
させることは今後の課題である。

第 4 部

方言的要素の検討

第 7 章

『総訳亜細亜言語集』『参訂漢語問答篇国字解』『語学独案内』『沖縄対話』における「に」と「へ」

1　はじめに

　「だれとここへ来ましたか。」

　「喫茶店へコーヒーを飲みに行きます。」

　「あの喫茶店に入りませんか。」

　外国人留学生に日本語を教えていると、初級の段階で上のような例文[73]が出てくる。「行く」「来る」は「へ」格を承け、「入る」は「に」格を承けている例だが、ときどき日本人の学生が「〜に行く」と言っているという指摘を受けることがある。ら抜き言葉などは意識的に矯正される場合も多いのだが、「へ」と「に」に関しては、無意識的で、しかも、発話者の出身地・生育暦や年代により「自然な文」と感じる範囲が微妙に異なっている。このようなことから、日本語教育のみならず、国語教育においても、文法指導の立場から、また、教科書用例の検討といった観点から様々に論じられてきた[74]。

　日本語学（国語学）の問題としては、青木（1956）により上代から室町時代までが概観され、その後も様々な研究が見られる。近代語では、原口（1969a）

73　『みんなの日本語　初級 I 本冊』第 5 課（スリーエーネットワーク）。初めが第 5 課、2 例目と 3 例目が第 13 課に出てくる例文である。

74　赤羽根（1987）、田浦（1981）など。

（1969b）、靏岡（1979）（1980）（1981）、矢澤（1998）、矢澤・橋本（1998）が、それ
ぞれ研究の方向性を示す基本論文となっている。特に靏岡の一連の論考で、福
岡を中心とする北部九州圏における「に」格の多用、京阪・関東圏における
「へ」格の多用が文献上明らかにされている。近年は、黒星（1997）、白井
（1997）、奥村（1999）により、人物を表す名詞を承ける「へ」格の丁寧度あるい
は待遇の高さが注目されるなど研究も進展してきている。さらに、園田（2006）
では、『浮世床』の調査を通して、近世後期江戸語の実態を明らかにしている。
また、園田（2008）では、第一期から第六期までの国定読本における助詞「へ」
使用率の変化を調査している。以上のような文献中心の研究以外にも、国立国
語研究所（1989）の成果をもとにした小林（1992）の方言地理学的研究等がある。
　本章では、これらの先行研究における成果を踏まえた上で、明治初期の会話
書に現れる「へ」と「に」の使用実態を明らかにし、使い分けの要因について
考察を加えていきたい。園田（2002）において九州方言的要素を分析した『参
訂漢語問答篇国字解』（佐賀士族出身の福島九成編、明治7〜11年成立、明治13
〈1880〉年刊）[75]、及び、園田（1997）で触れた『総訳亜細亜言語集』（千葉士族
出身の広部精編、明治13〜15年刊）[76]という2種の中国語会話書の分析を主な
目的としている。加えて、以下の2資料を比較資料として用いた。松村
（1993）による調査から「明治初期の口語資料として注目すべきもの」とされ
る洋学会話書『語学独案内』（アイルランド出身のフランシス＝ブリンクリ著、明
治8〈1875〉年刊）[77]、及び、金子（1997）の調査により「教養ある東京語であり、
執筆者が九州中心であり、文法的にテオルの多用等の傾向があるとしても、明
らかに方言的な表現と言えるものではない」旨言及のあった東京語学習書『沖
縄対話』（沖縄県学務課編纂、明治13〈1880〉年刊）[78]である。特に後者は九州（沖
縄）的要素という観点からも検討できるものである。

75　以下『参』と略す。資料の詳細及び利用、編者略歴に関しては第1章に記した。
76　以下『総』と略す。資料の詳細及び利用、編者略歴に関しては第1章に記した。
77　以下『語』と略す。初版本をもとにした復刻版（松峰隆三氏解題、昭和52年、桐原書
　　店刊）の初編を利用した。
78　以下『沖』と略す。国書刊行会発行の復刻版を利用した。この復刻版には初版本を原本
　　とした旨の記載があるが、金子（1997）によると明治15（1882）年の再版本と本文が
　　同じであるという。

2　4資料の比較による分析

2.1　用例採集に当たって

　調査対象となる用例は、「へ」格と「に」格である。「へ」格はすべて調査し考察対象としたが、「に」格については、「へ」格との異同を詳しく考察しうるもので動詞に掛かるものに限った。具体的には、動作・作用の向かう対象を示す用法（例、友人に話す）、動作・作用がその方向・場所に向けて行われたことを示す用法（例、学校に行く）、および、動作・作用の行われる場所を示す用法のうち存在（「居る」等）を示す場合を除いたもの（例、教室に花を飾る）に限定した。文献に現れた例や『方言文法全国地図』などの方言調査の結果から、前述以外の「に」格の用法も「へ」格と交替可能であるものは多々存在するということも事実である。しかし、前述以外の用法（動作・作用の目的、変化、存在等）は稀で、調査対象から外しても問題ないと判断した。今後、このような例にも「へ」格が頻出する資料が現れた場合は、また改めて新しい視点からの考察をするつもりである。

2.2　概観

　「へ」格は、『参』に71例、『総』に166例、『語』に106例、『沖』に51例、計394例現れている。このうち、「用例採集の方針」で述べた「に」格との異同を考慮に入れていないものが32例あった[79]。

　異なりで見ると、「へ」格を承ける動詞は113語。このうちの54％に当たる61語[80]は「に」格を承ける対応例が見あたらなかった。「に」格の対応例もある52語（46％）について、「意味」[81]を考慮し「遣わすA」「遣わすB」等のように細分類したところ62語となった。ここで「へ」格のみあるいは「に」格のみとなった10語[82]を除くと52語（【表1】参照）が残る。以下、この52語について分析を試みる。52語について、「へ」格は278例、「に」格は244例、総計522例確認できた。資料別に、「へ」格・「に」格、「へ」格「に」格の合計、「へ」格使用率の順に示すと以下のとおりになる。

『参』　36例・133例、169例、21％

『総』136例・67例、203例、67％

『語』　70例・24例、94例、74％

『沖』　36例・20例、56例、64％

「ヘ」使用率で比べると、『語』が最も高く、『総』『沖』がほぼ同じで高く、『参』のみ他の3資料と傾向が異なり、低くなっている。

2.3　「ヘ」「に」共用動詞52語の分析──資料による分類

2.4で用例を挙げて詳しく示すため、ここでは、若干の説明とともに該当する動詞を列挙するにとどめる。

2.3.1　1資料内のみの共用（10語）

10語が該当する。現れる資料別に示すと以下のとおりである。『総』が5語で半数を占めている。

『総』（5）「送る」「お辞儀をする」「告げる」「跨る」「寄越す」

『参』（3）「出掛ける」「届くA」「申し聞ける」

『語』（2）「逗留する」「旅宿する」

2.3.2　複数資料間の共用（1資料に「ヘ」、他の1資料に「に」）（16語）

16語が該当する。現れる資料別に示すと次の通りである。

『参』に『総』へ（8）「入れるA」「掛けるB」「着る」「捨てる」「注ぐ」「届ける」「走る」「引きつける」

79　内訳は、『参』15例、『総』4例、『語』10例、『沖』3例であり、それぞれの「ヘ」格の用例数に占める割合は、『参』21％、『総』2％、『語』9％、『沖』6％である。「〜へ居る」が『参』に現れている等注目されるが、詳細は割愛する。

80　「寄る」5例、「上がる（来るの意）」5例、「誂える」3例、「植える」3例など。詳細は割愛する。

81　「遣わすA」は「与える」という意、「遣わすB」は「行かせる」という意等。詳細は割愛する。

82　「掛かるA」、「掛かるB」、「留めるA」、「留めるB」、「届くB」、「掛けるC」、「遣わすB」、「入るB」、「入れるB」、「着くB」の10語。

『参』に『語』へ　(4)「上がる（行く）」「落ち込む」「加える」
「勤める」

『参』に『沖』へ　(3)「移る」「申し付ける」「休む」

『語』に『沖』へ　(1)「遣わすA」

　特に『参』が「に」で他の資料が「へ」という場合が15語（94%）にも及んでいる。

2. 3. 3　複数資料間の共用（1資料に「へ」、2資料以上に「に」）（9語）

　9語が該当する。「へ」格の現れる資料別に示すと次の通りで、『総』『語』で7語（78%）を占めている。

『総』へ　(4)「挟む」「話す」「向く」「遣るA」

『語』へ　(3)「置く」「書く」「出来る」

『沖』へ　(1)「見える」

『参』へ　(1)「尋ねる」

2. 3. 4　複数資料間の共用（1資料に「に」、2資料以上に「へ」）（6語）

　6語が該当する。「に」格が現れる資料別に示すと次の通りである。『参』が5語（83%）を占めている。

『参』に　(5)「行く」「掛けるA」「作る」「向ける」「遣るB」

『総』に　(1)「出す」

2. 3. 5　複数資料間の共用（2資料以上に「へ」、2資料以上に「に」）（11語）

　左の11語が該当する。今後より詳しく分析すべきものである。

「言う」「帰る」「来る」「倒れる」「着くA」「出る」「泊まる」
「登る」「乗る」「入るA」「持つ」

【表1】「へ」格とこれに対応する「に」格の用例数（4資料について）

	参 へ	参 に	総 へ	総 に	語 へ	語 に	沖 へ	沖 に	へ計	に計	へ+に	へ率
はなす（話す）		2	1	19		1		1	1	23	24	0.04
いう（言う）		20	1	10	1	4			2	34	36	0.05
のる（乗る）		9	1	6			1	5	2	21	23	0.08
たずねる（尋ねる）	1	2		4				1	1	7	8	0.13
つげる（告げる）			1	6					1	6	7	0.14
みえる（見える）				1		2	1	2	1	5	6	0.17
かく（書く）		3			1	1		1	1	5	6	0.17
とどく（届く）A	1	3							1	3	4	0.25
できる（出来る）				1	1	2			1	3	4	0.25
むく（向く）		2	1					1	1	3	4	0.25
もつ（持つ）			1	2	1	3			2	5	7	0.29
とうりゅうする（逗留する）					1	2			1	2	3	0.33
はさむ（挟む）		1	1			1			1	2	3	0.33
やる（遣る）A		3	4	4					4	8	12	0.3
かける（掛ける）A	1	3	1						2	3	5	0.4
おく（置く）		1		1	2			1	2	3	5	0.4
たおれる（倒れる）	1	2	1			1			2	3	5	0.4
かける（掛ける）B		1	1						1	1	2	0.5
つかわす（遣わす）A					1	1	1		1	1	2	0.5
つくる（作る）		2			1		1		2	2	4	0.5
おくる（送る）			2	2					2	2	4	0.5
うつる（移る）		1	1						1	1	2	0.5
もうしつける（申し付ける）		1					1		1	1	2	0.5
やすむ（休む）		1					1		1	1	2	0.5
おちこむ（落ち込む）		1					1		1	1	2	0.5
くわえる（加える）		1					1		1	1	2	0.5
つとめる（勤める）		1					1		1	1	2	0.5
りょしゅくする（旅宿する）					1	1			1	1	2	0.5
おじぎをする（お辞儀をする）			1	1					1	1	2	0.5
きる（着る）		1	1						1	1	2	0.5
すてる（捨てる）		1	1						1	1	2	0.5
つぐ（注ぐ）		1	1						1	1	2	0.5
はしる（走る）		1	1						1	1	2	0.5
ひきつける（引き付ける）		1	1						1	1	2	0.5
またがる（跨る）			1	1					1	1	2	0.5
でかける（出掛ける）	1	1							1	1	2	0.5
もうしきける（申し聞ける）	1	1							1	1	2	0.5
のぼる（登る）		2	2		1	1	1		4	3	7	0.57
むける（向ける）	1	2	1					1	3	2	5	0.6
よこす（寄越す）			3	2					3	2	5	0.6
でる（出る）	5	8	12	1	5	1		3	22	13	35	0.63
はいる・いる（入る）A	1	6	8		3	1			12	7	19	0.63
やる（遣る）B				1	1		1		2	1	3	0.67
いれる（入れる）A		2	4						4	2	6	0.67
かえる（帰る）	1	3	5	1	1		1		8	4	12	0.67
あがる（上がる）〈いく・行く〉		2			4				4	2	6	0.67
とどける（届ける）		1	2						2	1	3	0.67
くる（来る）	6	8	10	1	6		2	2	24	11	35	0.69
とまる（泊まる）			5	2	3		2	2	10	4	14	0.71
いく（行く）	15	31	47		31		20		113	31	144	0.78
だす（出す）	1		2	1	3				6	1	7	0.86
つく（着く）A			12	1			1	1	13	2	15	0.87
総　　　計	36	133	136	67	70	24	36	20	278	244	522	

2. 4　「へ」「に」共用動詞 52 語の分析──「使い分け」の要因

　使い分けの要因を以下の9項目[83]に分けて考えた。要因の候補はこれ以外にも多数考えられるが、4資料だけでは用例数も多くなく、仮説の域を出ないものである。

2. 4. 1　同一資料内の「揺れ」（7語）

　同一資料内に現れる同一の動詞に「へ」「に」が共用されているもののうち、「使い分け」の積極的な要因が他に見出せなかったものである。「へ」と「に」とに差がなく同じものとして一定の確率で「へ」が使われたり「に」が使われたりしているもの（所謂「混同」）なのか、なんらかの要因（要因は複数の場合もある）により「へ」と「に」が使い分けられているのか、今後の研究を待ちたい。将来、要因が突き止められればその要因を考慮するとして、ひとまずここでは、便宜的に同一資料内の「揺れ」と表現する[84]。

　このカテゴリーに分類されるものは、次の7語である。
　　『参』(3)「出掛ける」「届くA」「申し聞ける」
　　『総』(2)「お辞儀をする」「跨る」
　　『語』(2)「逗留する」「旅宿する」

　2. 3. 1では『総』が5語であったが、このうち「使い分け」が想定されるものが3語あり、残ったのは2語だけである。これにより真に「揺れ」が多いのは『総』ではなく『参』であるということが分かる。

　　① 　否（イーエ）、アノ城（シュク）ハ〔張家湾城ノコト〕南北（ミナミキタ）二川面（カハヅラ）へ跨（マタガ）ツテ居ルノデス（『総』三 36 ウ）

2. 4. 2　資料間の差異（12語）

　複数資料に現れる同一の動詞に「へ」「に」が共用されていて、同一資料内の「揺れ」がないもののうち、「使い分け」の積極的な要因が他に見出せなかったものである。資料間の差異なのか、なんらかの未知の要因によるのか、

83　重複して示した語もあるので、合計すると 52 よりも若干多くなっている。
84　小松（1985）の連母音アイの「音訛率」の考え方等を参考にしている。

その両方が関わってくるのか、やはり、今後の研究を待ちたい。ここではひとまず、資料間の差異と捉えることにする。このカテゴリーに分類されるものは、次の12語である。

『参』に『総』へ（5）「入れるA」「掛けるB」「捨てる」「注ぐ」「引き付ける」

『参』に『沖』へ（2）「申し付ける」「休む」

『参』に『語』へ（1）「上がる（行く）」

『語』に『沖』へ（1）「遣わすA」

『総』へ『参』に『語』に（1）「挟む」

『総』へ『参』に『沖』に（1）「向く」

『参』に『語』へ『沖』へ（1）「遣るB」

　さきの2. 3. 2（16語）のうちの9語、及び2. 3. 3（9語）中の2語、2. 3. 4（6語）中の1語が該当する。『参』が「に」となる場合が11語（92%）、『総』が「へ」となる場合が7語（58%）である。

　　② 杯ノ中ヘ酌（ツイ）ダ酒ガ、…（『総』四下12ウ）

　　③ ワレワレノ<u>サカヅキノナカニ</u>、ツヒデイルサケガ、ポッポト、ミナ、ヒガツキマシテゴザル（『参』113）

2. 4. 3　資料間の差異＋同一資料内の揺れ（10語）

　複数資料に現れる同一の動詞に「へ」「に」が共用されており、しかも少なくとも一資料に同一資料内の「揺れ」が認められるもののうち、「使い分け」の積極的な要因が他に見出せなかったものである。資料間の差異や同一資料間の揺れだけなのか、なんらかの未知の要因によるのか、その両方が関わってくるのか、やはり、今後の研究を待ちたい。このカテゴリーに分類されるものは、以下の10語である。

　　「遣るA」（『総』50%、『参』・『語』0%）

　　「見える」（『沖』33%、『総』・『語』0%）

　　「掛けるA」（『総』100%、『参』25%）

　　「尋ねる」（『参』33%、『総』・『沖』0%）

　　「行く」（『総』・『語』・『沖』100%、『参』33%）

「乗る」（『沖』17％、『総』14％、『参』・『語』0％）

「登る」（『総』・『沖』100％、『語』50％、『参』0％）

「帰る」（『語』・『沖』100％、『総』83％、『参』25％）

「泊まる」（『語』100％、『総』71％、『沖』50％）

「着くA」（『総』92％、『沖』50％）

④　俗語ニ云テアル、<u>山へ上</u>（ノボ）リテ虎ヲ擒（イケド）ルノハ容易（タヤスイ）ケレトモ、口ヲ開（アイ）テ人ニ頼ムノハ難（ムヅカ）シイト云フ話ヲ、…（『総』四下6オ）

⑤　コトハザニモ、<u>ヤマニノボリテ</u>、トラヲトルノハ、ヤスケレド、クチヲアケテ、ヒトニタノムノハ、ムツカシヒト、イフハナシヲ、イタシマスガ、…（『参』38）

2. 4. 4　微妙なニュアンスの差異（6語）

　先に、動詞の意味による分類をしたが、更に細かいニュアンスの差による使い分けがあると思われるものを当項でまとめた。この微妙な差異と「へ」「に」の使い分けとの間の相関がどの程度あるのか難しい問題である。「落ち込む」「加える」「着る」「出す」「作る」「出来る」の6語が該当する。

⑥　袍子ハ<u>外</u>へ着ル長キ衣物ノコト（『総』四下21ウ）

⑦　<u>カラダニ</u>、ボロヲキテ、ミルカゲトテハ、サラニナク、…（『参』208）

2. 4. 5　アスペクト（4語）

　アスペクトが使い分けに関わっていると思われる語は「移る」「書く」「倒れる」「勤める」「持つ」の5語である。例えば「書く」について見ると、2. 4. 7とも関わるが、資料の違いを超えて「人＋へ＋ておる」1例（『語』1）、「場所＋に＋てある」5例（『参』3、『語』1、『沖』1）であった。例を見てみよう。

⑧　わたくしは<u>あのひと</u>へがみをかいておつたときそのひとがまいりました（『語』初279）

⑨　<u>カミニ</u>ジヲカヒテアルノヲ、ジカキガミトモウシマス（『参』130）

⑩　このしよちやうにこのあいだのいくさのことがかいてござひます
（『語』初 165）

2. 4. 6　「ていく」「てくる」（2 語）
　特に「ていく」「てくる」が付くことにより「へ」格が用いられ易くなっていると考えられる語は、「走る」「持つ」の 2 語である。「持つ」の例を見てみよう。⑪はアスペクトと⑫⑬は「場所と人」とにも関わってくる。

⑪　手ニ持（モツ）テ居ルノハ書物デハアリマセンカ（『総』三 27 ウ）

⑫　あなたのごけらいはけさほどそのしよもつをこつちへもつてきました（『語』初 195）

⑬　あのひとはせいやうからごくりつぱなみあげをさいにもつてきました（『語』初 225）

2. 4. 7　「へ」「に」の前にくる語の性質①場所と人（6 語）
　「送る」「書く」「届ける」「持つ」「向ける」「寄越す」の 6 語が該当する。

⑭　別（ホカ）ノ人ガ你納（アナタ）ノ処（トコロ）へ買（カツ）テヨコシタノデス（『総』三 28 オ）

⑮　私ニ絵ヲ買テヨコシタノハ、何ノ訳（ワケ）デスカ（『総』三 28 オ）

2. 4. 8　「へ」「に」の前にくる語の性質②人称代名詞（3 語）
　「話す」「告げる」において、人称代名詞的な語とそれ以外とで使い分けが見られた。他の資料でもこのような傾向が見られるものなのか注視したい。例えば、「話す」は 23 例の「に」（『参』2『総』19『語』1『沖』1）の前はいずれも人称代名詞的な語であるのに対し、「へ」（『総』1）の前のみ異なっている。

⑯　タバ爾（オマヘ）ガ村内（ソンナイ）へ帰（カヘ）ツタナラバ来順ノ老子（オヤヂ）へ告訴（ハナシテ）クレロ、…ト（『総』三 11 ウ・2 例後）

⑰　…爾ハ委（クハシ）ク私ニ告訴（ハナシ）テクレ（『総』三 32 ウ）

2. 4. 9　複合（5 語）
　用例も多く最も分析に適するものであるが、特に複数の要因が認められ、逐

一項を分けて記すのも煩雑になるためここに一括した。「言う」「置く」「出る」「入るＡ」「来る」がこれに当たる。「言う」を例に挙げると36例中「へ」（『総』1『語』1）の前は「場所」が1例、人称代名詞的な語が1例。「に」（『参』20『総』10『語』4）の前は「場所」3例（うち2例が「てある」と共起）、「人」31例（うち28例が人称代名詞的な語、3例がその他）であった。

⑱　そこでわたくしがいちにちもはやくそのことを<u>おやくしよへ</u>もをしあげるやうにきめました（『語』初341）

⑲　巡役共ハ<u>彼ニ</u>幾（イク）ラ銭ヲ呉（クレ）ロト云ヒマシタ（『総』三20オ）

3　まとめと今後の課題

　以上、明治初期の中国語会話書を中心とした4資料に現れる「へ」格と「に」格の全体像、及び、使い分けについて見てきた。全体としては、福島九成（佐賀出身・北部九州圏）の『参』は、九州出身者ということから先行研究でも指摘のあるとおり、「に」格が多く使われ「へ」格は少ない（「へ」使用率21％）という結果が出た。一方で、『沖』については、九州方言的要素が指摘されながらも「へ」の使用率は広部精（千葉出身・関東圏）の『総』と等しく60％代である。同じく関東圏の『語』は74％と最も高かった。

　使い分けの要因に関しては、「へ」「に」の前にくる語の性質（場所か人か人称代か等）やアスペクト等が関係しており、単に資料内の揺れ、資料間の差異として処理してしまうと誤った傾向が導き出されてしまう虞を指摘した。

第8章

『参訂漢語問答篇国字解』と九州方言語彙

1　はじめに

　1867年、北京駐在英国公使館書記官であるトーマス・ウェードにより『語言自邇集』が刊行された。この北京官話で記された中国語会話書の日本語訳といえるものが明治の初めに2種刊行されている。

　『参訂漢語問答篇国字解』[85] は、編者福島九成の廈門滞在中（明治7年～11年）に書かれたもので、明治13（1880）年、東京と大阪の書肆から出版されている。序の中に日本語訳の方針を述べた部分があるので、見てみよう。

　　○　…惜夫、初學者未易暢曉也。茲不揣孤陋、譯以我邦音義、其與我邦語言不相符者、畧爲刪改、間補己意、共得百三章、付之剞劂。
　　（〈『語言自邇集』「談論篇」は〉惜しいことに、初学の者には、そのままでは理解できない。そこで、見識が浅いのも顧みず、我が国の言葉で訳し、原文が我が国の言語と噛み合わないものは、ほぼ削除し、代わりに、私自身が考えた文意を補って、もと百章のものを百三章にして上梓した。）[86]

　上のような、日本全国の初学者に向けて書かれた日本語の訳文の中に、辞書に記載されたことのない言葉、あるいは、当時の他の文献にはなかなか現れないような訳語が認められるのである。ここでは、これらの語がどのような性格を持った語なのかを考察するとともに、これらの語を『参訂漢語問答篇国字解』を用いて論ずる意義、利点等について、検討していきたい。

85　国会図書館蔵本（初版本）を利用した。適宜『中国語教本類集成』第1集第2巻（不二出版）所載の複製も参照した。
86　第1章でも触れたが、再掲する。

2　訳語の性格について

　これらの語の性格を考える際、編者の言葉の背景について把握しておく必要がある。福島九成が生まれてから、『参訂漢語問答篇国字解』（以下『参』）を著すまでについての略歴[87]についてはすでに記したので繰り返さない。

　福島九成は、佐賀藩（藩領は現佐賀県と現長崎県に跨がる）出身者で熊本に住んだことがあることから、幕末明治初期における佐賀県、長崎県、熊本県を中心とした九州方言の影響を強く受けていることは、間違いないであろう。ただ、実際にこれらの言葉が訳語に反映されているかどうかは調べてみなければ分からない。まずは、「(1) 九州方言として特徴的な語」「(2) 九州方言であるとともに他の地域にも見られる語」の2つに分けて、九州方言との関わりがある語がどの程度現れているか調べたうえで、「(3) 辞書に記載のない語」「(4) その他の方言」に言及する。

　なお、九州方言[88]であるか否かの判断は、現在の方言[89]で行い、『日本国語大辞典（第二版）』（以下『日国大』）、『日本方言大辞典』、『現代日本語方言大辞典』、『長崎県方言辞典』を参考にした。

2.1　九州方言として特徴的な語

　九州方言として特徴的な語が9語現れていた。以下に、用例を示す上での凡例を記す。

　№.訳語【中国語原文】意味。〈現在方言で使用している主な県（同一語形、あるいは、相応しい意味が辞書に記載されていない場合は、「＝」を用い、辞書

87　詳細は第1章で詳しく示した。

88　ここでいう方言とは、加藤（1982）で解説されている「俚言」（8 タケブン【地歩】等）、「訛語」（34 メタタク【メタタクウチニ＝一瞬眼・一転眼】等）、及び、「義訛語」（19 ズルイ【孏惰・疲】等）を指すものとする。

89　『参』は明治初期に成立したものであるから、当時の九州方言であるかどうかを調べなければならない。ただ、明治初期当時の九州方言を網羅した辞書はないので、決して十分とはいえないが、現在の方言を拠り所にせざるを得ない。このような方法は、奥村（1989）等の先行研究でも使われている。

にある近い語形、意味を示した)〉

　中国語原文。日本語訳文（頁）

　それでは、見てみよう。

1　ウチクヤス【壊】ぶち壊す、駄目にする。〈長崎〉

　若有一点児空子、就従中作弄、壊了人的事。

　…ヒトノコトヲ、ウチクヤシテ、シマヒマス（201）

2　ウッツカル【打】ぶつかる。〈熊本＝ウッツクル〉

　棍子已経打在腿肚上。

　ボウハ、ハヤ、アシノフクラッパミニ、ウッツカリ（162）

3　カセイ【照応・幇忙・幇理】手伝い。〈長崎〉

　我家裡人、捨不得叫他去、留在家照応照応。

　…ウチエトメ、カセイナドサセテ、オキマシテゴザル（25）

4　シュル【湯】汁。〈熊本〉

　哥児們請喫肉、泡些湯喫。

　…シュルヲカケテ、オアガリナサレ（14）

5　シュルシ【効】効果、効き目。〈長崎＝「印」の意〉

　医薬都不見効、越変越重。

　イシヤモクスリモ、サッパリ、シユルシナク…（78）

6　シリベ【(認得有一個人)】知人。〈長崎＝「顧客」の意〉

　我認得有一個人、頗有年紀。ワタクシノ、シリベニ、ズ　イブン、トシノヒ

　トガヒトリ、ゴザリマスガ（173）

7　スミクラ【角】隅。〈長崎〉

　那知道、你搬在這伩頭角那里。アナタガ、コノツキアタ　リノスミクラニ、

　オスマヒニナツテイヨウトハ、ナンノ　ゾンジマセウ（23）

8　タケブン【地歩】見識、境地。〈長崎〉

　雖然到不了他那個地歩、也差不多。タトエ、アレダケノ　タケブンニハ、マ

　イリマセンデモ…（154）

9　マッキャ【紅、カオヲマッキャニナス＝翻臉】真っ赤。〈長崎〉

　他臉上紅了一陣。

　アレガ、イチジ、マッキヤナ、カホヲイタシ（191）

2. 2　九州方言であるとともに他の地域にも見られる語

10 イッケ【族・一家】一族、親類。〈長崎・熊本〉

　他是我的一個族兄。

　　ソノヒトハ、ワタクシノ、アルイツケノオトコデ（145）

11 イップリ【做様児】恥知らず。〈熊本＝イップクリュウ〉

　不要総做一個様児。

　　ベツニ、イップリヲタテズ（179）

12 オオユビ【大拇指】親指。〈長崎〉

　早晩児要仗着大拇指頭戴増子咯。

　　イツカ、オホユビノサキデ…（158）

13 オキャクブリヲスル【作客】客となる、もてなしてもらう、遠慮する。

　〈長崎＝オキャクヲスル〔もてなす意〕〉

　你在吶家、我還作客廳。コナタニ、マイッテ、

　　オキャクブリヲ、スルモノデ、ゴザリマスカ（2）

14 カミゲ【頭髪】かみ、髪の毛。〈佐賀・長崎・熊本〉

　漆黒的頭髪、纖纖的手指。

　　クロヒカミゲニ、ホソヒユビ（244）

15 キキイ【做各的事】その人その人の気持ち。〈熊本＝キギ〉

　各自做各的事纔肯歇。メイメイキヽイニナッテ、ハジメテ、クジョウガ、ヤ

　ムノデ、ゴザリマス（289）

16 キパト【睜（開）】はっきりと。〈鹿児島＝キパット〉

　他睜開眼覇見我。

　　アレハ、メヲキパトアケテ、ワタクシヲミヤリ（76）

17 ケナイ・ケナイノモノ【家裡・家裡人】家族、一族。〈鹿児島〉

　和他家裡人説話。ソノケナイノモノト、ハナシヲイタシテ、オリマシタガ（75）

18 シタアギ【下吧・下吧頦】あご。〈長崎＝アギ〉

　満下吧有捲毛的鬍子。

　　シタアギイッパイ、チヾレヒケヲハヤシ（167）

19 ズルイ【嬾惰・疲】怠ける。のろい。〈熊本〉

不是故意的孏惰。

ワザト、ズルヒコトヲ、シタデハ、ゴザリマセヌ（233）

你的性太疲了、若不会做的事情、辞他不做就是、…

オマエハ、タイヘン、ズルヒムマレツキデ、ゴザリマスネ、モシ、デキナヒコ
トデ、ゴザリマスナラ、コトワッテ、ナサレネバ、ソレデヨヒノニ、…（257）

20 ダ（ガ）【誰】誰が。〈長崎〉

他多的出外、誰暁得纔回來。

…イマカエッテマイロウトハ、ダガゾンジマセウ（82）

21 チャチャクチャニスル【蹧蹋】馬鹿にする。

〈長崎＝チャッチャクチャニスル〉

見着人、就当個話柄児蹧蹋我。

…ワタクシヲ、チヤチヤクチヤニ、イタシマスガ（192）

22 チャノコ【点心】おやつ、朝食。〈佐賀・長崎・熊本〉

我洗了臉、喫点心完、纔要上衙門去。…カホヲアラヒ、チヤノコヲタベ、
チョウド、シユッキンイタソウト、スルトコロニ（105）

23 ツカミホガス【抓】つかんで穴を開ける。→後述。

24 ツラマエル【抓・拿】捕まえる。〈福岡〉

那一抓恰好抓住了。ヒトツカミデ、チョウド、
ツラマエハイタシマシタガ（121）

25 トッケモナイ【沒頭沒尾的】とんでもない。〈長崎・熊本＝トッケモナイ〉
話出没頭没尾的奢呆話。シリモカシラモワカレヌヨウナ、トツケモナヒ、
バカゲタコトヲ、イヒダシマシテ（206）

26 ナガギ【袍】長い上着。〈熊本＝ナガギモン〉

我穿好袍套。

ワタクシハ、ナガギニ、ハオリヲキ（105）

『日国大』では、「明治末期より用いられ、昭和初期に文部省の裁縫教科書に
用いられてから一般化した。」と　し、『野菊の墓』の例を挙げている。

27 ネブリホガス【舐破】嘗めて穴を開ける。→後述。

28 ハカショ【塋地・墳院・院子】墓、墓地。〈長崎・熊本〉

他們的塋地在那兒。

アレノ、ハカシヨハ、ドコデ、ゴザリマス（84）

29 ハシカイ【直】むずがゆい、ずけずけ言う。〈長崎〉

只是嘴太直。　　　　　　　　　　　　　→クチハジカイ参照。

タゞ、クチガアマリ、ハシカクシテ（266）

30 （ハラガ）フトイ【飽】満腹。〈熊本＝ハランフトカ〉

喫得那麼飽麼。オアガリナサツタトテ、ドンナニ、

オハラガ、フトクゴザリマスネ（2）

31 フトイ【大・長大・（高）大】大きい。〈佐賀・長崎・熊本〉

到大了、文不成、武不就、那時候後悔也遅了。フトクナツテブンガクモデキ

ズ、ブケイモデキス、ソノトキニ、コウクワイイタシタトテモ、モハヤ、マ

ニアヒマセヌ（126）

32 フトル【大・到大・長得】大きくなる。〈長崎・熊本〉

就是長得像個様、心地倒没有一点児明白。

ソノミカケコソ、チヨイト、ヨウ、フトツテオリマスルケレド…（225）

33 ホウベタ【腮】頬。〈長崎〉

雪白的臉、粉紅的腮。カホハ、ユキノヨウニシロク、ホウベタニ、ホンノリ

ト、アカミヲフクミ（244）

34 メタタク【メタタクウチニ＝一睫眼・一転眼】瞬きをする。〈長崎・熊本＝

メタタキ〉

一睫眼的時候。メタゝクウチニ（113）

35 メバタキ【メバタキモセズ＝眼巴巴児】瞬き。〈大分〉

就天天眼巴巴児盼望着。

タトエ、マイニチ、メバタキモセズ、ノゾンデイタトコロガ（177）

36 メブタ【眼皮】まぶた。〈鹿児島〉

你不怕人背地裡説、低是眼皮浅的人麼。

…メブタノアサヒヒトダト、イフテモ、オカマヒナサレヌカ（265）

37 ワキ【別処】余所。〈熊本〉

我還要到別処去。

ワタクシハ、マダ、ワキニマイラネバ、ナリマセヌ（2）

以上、37 語が現在の九州方言に見られる語であり、しかも、この内の 9 語は、

九州方言特有のものであった。この他にも、「オトト【兄弟】」「シュノウ【収下】」「チョダイ【領】」「ボシ【帽子】」のような短呼例、「オガシク【可笑】」「カゲル【缺】」「トグジツ【老実】」「ハジメデ【纔】」「マコドニ【狠】」「ヨジアジ【好歹】」「レギダイ【累朝】」のような濁音化例が見られる[90]。これらは、九州方言の特徴でもある。福島九成の生い立ちをも考え合わせると、実際に使っていた九州方言が現れたと考えるのが妥当であろう。

2. 3　辞書に記載のない語
38 アチャアチャアチャアチャ【結結吧吧】しどろもどろに。

　説話結結吧吧的。

　モノヲイフニ、アチヤアチヤアチヤアチヤイフテ（205）

39 クチハジカイ【嘴直】ずけずけと物を言う。

　我嘴直的病、我自己知道。ワタクシノ、クチハジカヒビヨウキハ、ワタクシジブンニモ、ゾンジテオリマスガ（267）

40 ジカキガミ【字紙】字を書いた紙。

　敬惜字紙做甚麼。

　ジカキガミヲ、タイセツニイタシ、オシンデ、ドウイタシマス（129）

41 トシゼキ【序歯】年齢によって順序を決めること。

　鏨們序歯、一溜児坐下喫。

　オタガヒ、トシゼキニ、ヒトマトメニ、コシヲカケ、タベマショウ（14）

42 フスグレ【不爽快】すぐれない。

　我的身子也不爽快、狠嬾怠動。ワタクシノカラダモヤハリ、フスグレデ、マコトニ、タイギデナリマセヌ（62）

90　このほかにも、様々な音韻上の特徴が認められるが、九州方言との関わりという点では、もう少し考察する必要がある。例えば、金子（1997）で、『沖縄対話』に「マエル」という語が現れているという指摘があるが、『参』にも以下のような「マエル」の例が3例見られる。

　　因此歩甲們趕緊把他綑了去、昨天送了刑部。

　　ソレデ、トリテノモノドモガ、スグニ、アレヲシバッテマエリ、サクジツ、サイバンショニ、マワシタソウデ、ゴザリマス（284）

43 ヤマアナタ【山後】山の向こう。

又看見他在山後怒下去。

…ヤマアナタニハシツテ、クダリユクノヲ…（125）

　辞書に記載のない6語については、オノマトペである38「アチャアチャア
チャアチャ」を除いては、39〜43は、それぞれ、「クチ＋ハジカイ」「ジ＋カ
キ＋ガミ」「トシ＋ゼキ（年席）」「フ＋スグレ」「ヤマ＋アナタ」というように、
既にある複数の語を組み合わせた臨時の一語を作ったものと思われる。福島九
成独特のものかどうかは、他の文献に広く当たってみなければわからず、今後
の課題である。

2．4　その他の方言
　九州方言としては未確認であるが現代の方言に見られる語を示すことにする。
これら以外にも、方言あるいは俗語に近い語は相当数現れている。

44 アヤカス【弄空】本物らしく見せ掛ける。〈山口〉

做個虚架子、全是弄空的。マツタク、ウワベヲカザツテ、ハラニ、ナヒコト
ヲ、アヤカシテイマシタノデ（196）

45 アトヒザリ【倒退】後退り。〈三重〉

臨走的時候、倒退着走出去。カエロウトスルトキ、アトヒザリヲシテ、デ、
ユキマスユエ（207）

46 サシクル【勾】遣繰りする。〈岡山〉

他萬不得已、勾着空児教我們。

…ヒマヲサシクリ、ワタクシドモニ、オシエルノデ、ゴザリマス（146）

47 シダラナイ【不像様・没規矩】だらしない。〈島根〉

低自己不覚得這不像様的様子。オマエハ、ジブンデ、
ソノシダラナヒザマヲ、ゾンジツキナサルマヒガ（223）

48 シャベツ【シャベツナク＝不分】区別。〈兵庫〉

不分昼夜的這様飲酒。

ヒルヨルノシヤベツナク、ソンナニ、サケヲオノミナサッテハ（238）

49 シンバリ【シンバリヲカル＝撐】柿渋を塗った紙〈島根〉

夏天的時候、有一夜揩着窗子睡。アルナツ、イチヤ、マドニ、<u>シンバリヲ</u>
<u>カッテ</u>ヤスミマシタソウデ、ゴザリマスガ〔118〕
50 ハタタガミ【霹靂】雷。〈京都＝ハタガミ〉
打了一個霹靂。<u>ハタヽガミガ、ナリイダシ</u>〔105〕

以上、(1) 九州方言として特徴的な語9語、(2) 九州方言であるとともに他
の地域にも見られる語28語、(3) 辞書に記載のない語6語、(4) その他の方
言7語、併せて50語を示してきた。(1) と (2) を合わせた37語は、実際に
九州方言と考えられることも述べた。

この他にも、イッサクサクバン【前両天晩上】のように、『日国大』に立項
されているが、例が載っていないような漢語も、会話文の中に見られる。

3　まとめと今後の課題

以上、『参訂漢語問答篇国字解』に現れる訳語について検討してきた。この
中国語会話書には、現在の九州方言に見られる語が37語現れており、しかも、
この内の9語は、九州方言特有のものであった。これらは、福島九成の生い立
ちなどから考えて、当時実際に使われていた九州方言が現れたと考えられる。

それでは、何故日本全国を視野に入れて書かれたにも関わらず、これほど多
くの九州方言が認められるのであろうか。方言を駆使しようとしたのでないこ
とは明白である。恐らく、日常慣れ親しんでいる言葉が、知らず識らずのうち
に現れたもので、福島九成自身には方言との認識がなかったものではないかと
思われる。

このほか、辞書に記載のない語や、その他の方言、俗語の類も数多く認めら
れた。辞書に現れない語については、オノマトペや臨時に作られた一語である
との分析を行ったが、これらの語については、今後更なる調査、検討が必要で
あろう。

第 9 章

『参訂漢語問答篇国字解』における会話文中の語の解釈

1 『参訂漢語問答篇国字解』に現れる九州方言について

　文献を利用した九州方言の研究には、九州方言学会（1991）、奥村（1989）が
あり、かなりの文献について調査がすすんでいる。国内資料はもとよりのこと、
蘭学資料、唐話資料、中国資料、朝鮮資料等を用いた研究が盛んである[91]。こ
のような先行研究での成果をもとに、未だ研究の進んでいない明治初期の中国
語会話書を資料として、九州方言についての考察を試みる。資料として『参』
を用いるわけだが、該書の会話文は、文末に「ございます」「ます」「ましてご
ざる」[92] を多用する、かなり丁寧で共通語的な文がほとんどを占めている。こ
の中に九州方言が現れてくるのである。

　中国語原文との対照、中国語原文の改変の有無、『総』における相当箇所の
訳との対比を踏まえながら、やや詳しく見ていきたい。

　この際、中国語（清朝末期の北京官話）に関しては、『大漢和辞典』・『漢語大
詞典』・『中国語大辞典』を参照した。

　また、日本の方言に関しては、以下の辞書等を利用した。

　『日本国語大辞典（第二版）』（『日国大』）・『日本方言大辞典』（『方大』）・『現代
日本語方言大辞典』（『現方』）・『長崎県方言辞典』（『長崎県』）・九州方言学会
（1991）・奥村（1989）

91　蘭学関係では、『ズーフハルマ』のような個別の文献の研究として、杉本（1978）、鈴木
　　（1981）、坂梨（1993abc）が挙げられる。この他は、参考文献に掲げたので参照された
　　い。なお、「中国資料」という場合、中国で中国人により作られた資料を指すようなの
　　で、唐話資料とは別にした。
92　「ましてござる」180 例、「てござる」21 例、「ましてございます」23 例が認められた。

2　会話文中における語の解釈

2.1　ツカミホガス【抓】
　　　ネブリホガス【舐破】

2.1.1　「ホガス」の語史

　「ホガス」という語については、『ヅーフハルマ』の中の九州方言について論じた坂梨（1993a）に指摘があり、九州方言であることが明確になっている。以下、文献例に関しては坂梨（1993a）を参照した。

　「ホガス」は、『日国大』を引くと、「穴をあける。削って穴を作る。うがつ。」とあり、『日葡辞書』（以下『日葡』）の例を挙げ、現代の方言として〈佐賀、長崎、熊本〉等を挙げている。例を見てみよう。

　　　①　Fogaxi,u,aita. ホガシ、ス、イタ　穿孔する、すなわち、孔をあける。下（X.）の語。

「下の語」とは、九州方言のことを指す。

　更に、「ウチホガス」という複合語も載っている。

　　　②　Vchifogaxi,su,aita. ウチホガシ、ス、イタ　叩きつけて孔をあける。

この他、『ヅーフハルマ』に「ホガス」、『和蘭字彙』に「突キホガス」「踏ミホガス」が見られるという。

　また、九州方言学会（1991）には、『葉隠』[93]や志津田藤四郎『蒲原大蔵戯作集』という佐賀の資料に例のあることが示されている。例を見てみよう。

　　　③　真の道を祈りて不叶（かなわぬ）事なし。天地も<u>おもひほがす</u>もの也。紅涙の出る程に徹する所則（すなわち）神に通ずるかと被存（ぞんぜられ）候。（『葉隠』239頁1行〈日本思想大系26〉）

日本思想大系「おもひほがす」の頭注には「思い通りに動かすことができ

---

[93]　『葉隠』は、佐賀藩士山本常朝の談話を同藩の田代陳基が聞き書きし、享保元（1716）年に成立したとされる。

る」とあるが、「思うことにより穴を開ける」つまり「（天地に）思いが伝わる」と解釈したい。

　以上、「ホガス」という語は、室町時代に九州方言であり、江戸時代に長崎や佐賀の方言資料に用例が見られる語であることが判った。佐賀出身である福島九成が、この「ホガス」という語をどのように訳語として用いているか、『参』に現れた例で検討してみよう。

2. 1. 2　「ツカミホガス【抓】」について

　『参』には、「ツカミホガス」という表現が2箇所現れている。ともに、41章「隔窓捕雀」の例なのだが、文脈がないと分かりづらいので、冒頭の部分を長く引用することにする。例を見てみよう。

　　④　噯呀、這冷天誰把那窓糊紙、抓了這麼大窟窿呢。
　　　　オヤオヤ、コノサムヒテンキニ、タガ、ソノマドノカミヲ、ソンナオホキナアナニ、_ツカミホガス_マシテゴザルネ（120）

　この質問に対し、以下のように答えている。

　　⑤　ソレニハ、オカシヒハナシガ、ゴザリマス、オキカセモウシマセウ、ダイマ、ワタクシハ、コチラニ、コシヲカケテイマシテ、アノマドノサンニ、スヾメカイッピギ、トビオリテキタノヲ、ミアタリマシタガ、ヒデリニ、ソノカゲガウツリ、ピンピントンデ、オリマスノデ、ワタクシハ、マドノウチデ、ソロソロ、ヌケアシヲイタシテ、ソノワキエマイリ、（120）

　　⑥　隔着窓糊紙一抓、抓了這大窟窿啊。
　　　　マドノカミノコチラカラ、チヨイト、ツカミマシタガ、コンナオホキナアナヲ、_ツカミホガス_マシテゴザル（121）

　つまり、「部屋のなかに居ると、雀が飛んできて障子の桟の上に止まった。日が照っていたので、障子紙にその影が映って見える。部屋の中から、障子紙を隔てて雀を捕まえたら、障子に大きな穴が開いた。」という話である。

　『総』では、第40章が対応しており、【抓】は1箇所現れている。例を見てみよう。

　　⑦　隔着窓戸紙児一抓、把窓戸抓了個大窟窿。

　　障子ノ紙ヲ隔テ、一抓（ヒツ、カマヘ）タラバ、障子ヲツカンデ、大キ
　　ナ穴（アナ）ヲアケマシタ（40章）

　以上、中国語文をも考慮し、『参』と『総』の違いを参考にまとめると以下
のようになる。

　中国語の【抓】は、「ひっかく」「つかむ」という意であり、「穴を開ける」
という意味はなく、『中国語大辞典』等にも、この意は載っていない。一方、
中国語の【窟窿】は「穴」のことであるので、【抓窟窿】という動賓連語に
なって、はじめて「（雀を）つかんで穴を開ける」という意味になる。しかし、
【抓窟窿】だけでは、どのような状況か想像するのは難しい。④⑤⑥と挙げて
きたような文脈のなかで、正確な解釈が可能となるのである。

　比較しやすいように、【抓大窟窿】の部分の訳のみを記すと以下のようになる。

　　⑧　抓大窟窿　オホキナアナニ、ツカミホガス（『参』）
　　⑨　抓大窟窿　オホキナアナヲ、ツカミホガス（『参』）
　　⑩　抓大窟窿　ツカンデ、大キナ穴ヲアケル（『総』）

　【抓窟窿】という動賓連語を福島九成は「ツカミホガス」と訳している。こ
のような複合動詞は、『日葡』や『和蘭字彙』などの例から考えても、九州方
言として、ごく自然なものだったのであろう。一方『総』の広部精は、共通語
的な「ツカンデ、アケル」と訳している。

2. 1. 3　「ネブリホガス【舐破】」について

　次に、『参』第10章「託人説情」の「ネブリホガス」という例を見てみよう
（これには、『総』の対応例はない）。

　　⑪　我上了台階、悄悄児把窓糊紙舐破、一覇屋子裡頭、大家坐着飲酒、…。
　　　　ワタクシハ、アガリダンニ、アガリマシテ、コッソリト、マドノカミヲ、
　　　　ネブリホガシ、チョイト、ウチノヤウスヲ、ノゾキマシタラ、オホゼイ、
　　　　セキニツキ、サケヲノミ、…（31）

　これは、先程の【抓窟窿】よりは分かりやすい状況である。中国語の【舐】
は、「嘗める」という意であり、【破】は、「破れる、穴が開く」という意で、
【舐】の結果補語となっており、【舐破】で「嘗めた結果穴が開く」という意味
になる（当例は【把】を受けて「嘗めて穴を開ける」という意味である）。

　このような、【舐破】を「ネブリホガス」と複合動詞で訳しており、中国語
の構造と似通っているが、【抓】の訳をも考慮すると、偶然九州方言の言い方
と合致したのであろうと推測できる。つまり、福島九成が中国語に影響されて、
不自然な複合動詞を作ったのではないと考えてよいだろう。因みに、共通語で
「ナメアケル」という複合動詞は不自然である。

2.1.4　まとめ

　『参』の会話文中に現れる「ホガス」という語を、中国語原文と対照し、
『総』の訳と対比させることにより、考察してきた。
　佐賀の地で、長く方言として使われてきた「ホガス」を複合動詞として、
【抓窟窿】【舐破】の訳語に用いているが、これは、中国語の表現とも似通った
ものであった。一方、『総』の編者広部精は、共通語的な「ツカンデ、アケル」
という訳し方をしている。

2.2　ズルイ【疲・嬾惰】
　　　ズルケル【疲】

2.2.1　『参』の訳語「ズルイ【疲・嬾惰】」「ズルケル【疲】」の例

　『参』第90章には【疲】の訳語として「ズルイ」「ズルケル」が用いられて
いる。
　中国語文と訳文を見てみよう。
　　⑫　你的性太疲了、若不会做的事情、辞他不做就是、…
　　　　オマエハ、タイヘン、ズルヒムマレツキデ、ゴザリマスネ、モシ、デキ
　　　　ナヒコトデ、ゴザリマスナラ、コトワッテ、ナサレネバ、ソレデヨヒノ
　　　　ニ、…（257頁　第90章　辨事太慢）
　　⑬　看你代人做事這様的疲、怕人以後不信你、所以直言勧你啊
　　　　オマエガ、ヒトノタメニ、シゴトヲナサルニ、ソンナニ、ズルケテゴザ
　　　　ルノヲミテ、ヒトガ、コノゴ、オマエヲ、シンヨウイタスマヒト、キッ
　　　　カヒニゾンジ、ソレユエ、ヂカツケニ、オマエニ、ゴイケンヲイタスノ
　　　　デ、ゴザリマス（260頁　第90章　辨事太慢）

『参』第81章には【孄惰】の訳語として「ズルイ」が使われた例もある。

⑭ 不是故意的孄惰。

ワザト、ズルヒコトヲ、シタデハ、ゴザリマセヌ（233頁　第81章　罵
奴酒酔）

2. 2. 2 『総』の訳語「ヘコタレル【疲】」

『参』第90章は、『自邇』『総』の第25章・第26章に対応している。『参』
第90章には【疲】が2例現れるが、『自邇』『総』には、⑫に対応する例が1
例のみ使われている。この例を見てみよう。

⑮ 哎。你的性子也太疲了。若是不能的事情就罷了。既然応承了。又不
趕緊的辦。只是給人家身軟擱着。是甚麼意思呢。（第25章）

イヤイ、你（オマヘ）の性子（コ・ロ）モ・タ余（アンマリ）リ疲（ヘ
コタレ）タデハナイカ、若シ出来ナイ事柄ナラバ、直グ罷（ヤメ）ルガ
ヨイ、既然（サヨーニ）受合（ウケアフ）テオイテ、又タ急イデ取リ捌
カズ、只ダ人家（ヒト）ニ手違（テチガヒ）サセルノハ何ノ意（ワケ）
デスカ、（『総』巻四上26オ）

ここでは、「ヘコタレル」という訳が用いられている。『日国大』によると、
「ヘコタレル」は、「つらくて途中でくじける。だめだと思って元気をなくす。
まいって途中でほうりだす。へたばる。」とあり、この中でも特に、「まいって
途中でほうりだす。」に当たる。国木田独歩の『女難』（明治36〈1903〉年）の
例が載っているので、『総』はかなり早い時期の用例と言うことが出来よう。

『語言自邇集（COLLOQUIAL CHINESE）』（SECOND EDITION）（明治19〈1886〉
年発行）[94] には、⑮の中国文、つまり、『総』と同じ文が載せられている。

この英文は次の通りである。

⑯ No, really, you take things too easy! If you can't do what you are
asked to do, there's an end of it; but when you have undertaken a
thing, what do you mean by keeping people waiting, instead of

---

94 『中国語教本類集成』第3集第1巻（不二出版）所載の複製を利用した。

making all the haste in your power?

英文には以下のような語注がついている。

⑰　1. 疲 p'i2, properly, wearied, exhausted; here, callous, not paying
due attention to.

「無感覚な、冷淡な、あるいは、十分な注意を払っていない」というように
意訳的解釈をしていることが窺えよう。

2. 2. 3　中国語【疲】の意味と日本語の「ズルイ」の意味

第90章の内容は、題名「辨事太慢」（ことをするのにとても遅い）の示すよう
に、人に頼まれたことをじっくりとする人についての会話である。

当文脈における【疲】は、『大漢和辞典』『漢語大詞典』にはみられないもの
である。『中国語大辞典』の「ぐずぐずする。長引かせる。遅らせる。引き伸
ばす。」に当たる。これには、呉語との注記がある。現在の普通話でも、使わ
れないことはないが、かなり方言性の強い言葉であり、「你的性子也太疲了。」
は「你的性子也太慢了。」と現代語訳できる。

中国語の【疲】には、上述の意味のほか、「つかれる」（日本語と同じ）という
意味はあるが、「狡猾だ」という意味はない。日本語訳に「ズルヒ」とあるので、
『日国大』で調べると、「狡猾だ」という意では近世初期から用例があるが、当
例に相当する意味では、方言第2項に「動作などがにぶい。」という項目がある。

『方大』には第5項に「のろい。遅い。動作が鈍い。緩慢だ。遅鈍だ。」とあ
り、茨城県、千葉県、新潟県、長野県、愛知県、鳥取市、島根県、岡山県、岡
山市、香川県とともに、福岡県小倉、熊本県とある。

2. 2. 4　ズルケル【疲】

以下に挙げる「ズルケル【疲】」の例は、『自邇』『総』に対応する箇所は
ない。現代の普通話（中国語）ではこのような用法はないようである。

⑱　看你代人做事這樣的疲　オマエガ、ヒトノタメニ、シゴトヲナサル
ニ、ソンナニ、ズルケテゴザルノヲミテ（260頁　第90章　辨事太慢）

日本語の「ズルケル」は「怠ける」意の俗語として、洒落本や歌舞伎等に用
例があるが、「ぐずぐずする」の意での記載は、見あたらない。

ただ、『和蘭字彙』（早大複製 V 92 オ[95]）には、「vertraagd.d.w.van vertraagen.ズラカシタル又ズルケタル」とある。また「事ノハカドリヲズラカス」ともある。『講談社オランダ語辞典』(1994) によると、「vertraagd」は「遅れた」、「vertraagen」は「遅らせる、遅くする、（速度を）緩める」という意味である。

中国語に「怠ける」の意がないことや、全体の文脈から「怠ける」よりは「ぐずぐずする」の方が近いことから、⑱の「ズルケル」は、「ぐずぐずする」の意にとれるであろう[96]。

2. 3　メタタク（メタタクウチニ【一睫眼】【一転眼】）
　　メバタキ（メバタキモセズ【眼巴巴児】）
　　メブタ【眼皮】

⑲　嘴裡祷告着、一睫眼的時候、那所着的火就滅了
　　クチノウチデ、キトウヲイタシマシタラ、メタヽクウチニ、ソノツヒタヒガ、スグニキエマシテゴザル（113 頁　第 38 章　尋涼遇怪…36[97]）

⑳　一転眼的已過了山梁畧　メタヽクウチニ、ハヤ、ヤマノミネヲ、コエマシテゴザル（124 頁　第 42 章　打囲…89）

【一睫眼】【一転眼】ともに、「またたくうちに」という意である。【一転眼】は元代以来現在でも普通に用いる語である。【一睫眼】の方は、現在使用されず、『中国語大辞典』にも記載がない。『漢語大詞典』には、【睫眼間】（比喩極短的時間＝またたくまに）に『醒世恒言』の例が載っている。

「メタタク」は、『方大』に「瞬く」として、香川県が示され、「メタタキ」は、同じく『方大』に、「瞬き」として、長崎県長崎市、壱岐島、熊本県玉名郡、大分県を示す。『長崎県』にも、「メタタキ」が載っている。「メタタキ」は、文献では、「俳諧・犬子集」等に例がある。

㉑　就天天眼巴巴児盼望着…　タトエ、マイニチ、メバタキモセズ、ノゾンデイタトコロガ、…（177 頁　第 61 章　公道待人…15）

95　桂川（1974）
96　ただし、「怠ける」でも意味は非常に近い。
97　『語言自邇集』の対応章を示した。以下同じ。

【眼巴巴児】は、切実に望んでいるさまを表す語で、「メバタキモセズ」は、これを意訳したものである。『方大』では、福島県、…、大分県速見郡を示す。文献では、洒落本『寸南破良意』に例がある。

㈩ 你不怕人背地裡説、低是<u>眼皮</u>浅的人麼

ヒトガ、カゲデ、オマエヲ、<u>メブタノアサヒヒトダト</u>、イフテモ、オカマヒナサレヌカ　（265頁　第92章　貪得無厭…78）

【眼皮】は「まぶた」のことである。なお、日本語に「まぶたがあさい」という表現があるかどうか分からないが、【眼皮浅】とは、中国語の慣用表現で「人のものを見るとすぐに欲しがる。浅ましい」というほどの意である。

『日国大』、『方大』、『長崎県』いずれも記載はない。『現方』に「まぶた（瞼）」の項で、富山、千葉、広島、鹿児島に、「メブタ」の語形が挙がっている。

2.4　ハシカイ【直】

クチハジカイ【嘴直】

㈰ 你狠是個正経的人、心裡没有一点児渣子、只是<u>嘴太直</u>、看着人的是非、一点分児不肯留、就直説出來、…

オマエハ、ホントニ、マツシヨウトウナオカタデ、コ丶ロノウチニ、イツテンノカスモ、ゴザリマセヌガ、タゞ、<u>クチガアマリ、ハシカクシテ</u>、ヒトノウエニ、ヨシアシトモ、ミアタッタコトハ、スコシノコトモ、ハラニオサエキラズニ、スグ、ヂカツケニ、オイヒダシナサルガ、…（266頁　第93章　率真待衆）

㈱ 我<u>嘴直</u>的病、我自己也知道、…

ワタクシノ、<u>クチハジカヒ</u>ビヨウキハ、ワタクシジブンニモ、ゾンジテオリマスガ、…（267頁　第93章　率真待衆）

『参』第93章は、『自邇』の第67章に対応する。『自邇』には「心裡没有一点渣児、就是<u>嘴太直</u>、知道了人家的是非」という例が1箇所現れている。

【嘴直】とは、「歯に衣を着せず、ずけずけとものを言う」ことである。これを「クチガハシカクシテ」「クチハジカヒ」と訳している。「くちはじかい」の形はいずれの辞書にも載っていない。「はしかい」に関しては、『方大』に、1「のぎや毛髪などが肌に触れるようにちくちくと痛く、かゆい。むずがゆい。」11

「角があって人当たりが悪い。」等の意がみられる。『長崎県』にも言及がある。

　また、「苛　ハシカシ」（『観智院本名義抄』）「Faxicai」（『日葡辞書』）等文献にも古くから現れる語である。

　辞書の類から、「ハシカイ」という語が九州方言で用いられている事は判ったが、「歯に衣を着せず、ずけずけとものを言う」という意味の記述は見られなかった。あるいは、「ハシカイ」という方言を利用した中国語【嘴直】の直訳的表現に当たるのかもしれない。

2.5　チャチャクチャニスル【蹧蹋】

　㉕（怎麼背地裡、説我這様児不好、那様児利害、）見着人、就当個話柄児
　　蹧蹋我、這是甚麼意思椿…

　　ヒトサエミレバ、スグト、ハナシノタネニシテ、ワタクシヲ、チヤチヤ
　　クチヤニ、イタシマスガ、コレハ、ドウシタワケデ、ゴザリマセウ（192
　　頁　第67章　嘲人量小…61）

【蹧蹋】は『中国語大辞典』では、「荒らす」「浪費する」等4種の意味分類がなされているが、当例は、第67章全体の文脈から考えて、2番目に挙げられた「ばかにする。侮辱する。けなす。（人を）辱める、悪く言う。」が当てはまる。これには、四川方言であるとの注記があるが、現在の中国の共通語である普通話でも、ごく自然に用いる語である。

　『日国大』には、「ちゃちゃくちゃ」の項に「めちゃくちゃなさま。さんざんであるさま。」として『慶応再版英和対訳辞書』の例が挙げられている。方言としては、滋賀県彦根、徳島県、高知県が記されている。

　『方大』には、「ちゃちゃくちゃ」の項に「むちゃくちゃ。めちゃくちゃ。」の意として、滋賀県彦根、徳島県、高知市を挙げ、関連して福岡市の「ちゃっちゃくちゃら」、長崎市の「ちゃっちゃくされ」の例を挙げている。

　『長崎県』には、「ちゃちゃくちゃ」は立項されていないが、「【ちゃっちゃくされ】…」「【ちゃっちゃくちゃら】…【チャッチャクチャ】」という例が挙がっている。

　意味から見ると「説我…」とあり、当例は、「話で人を【チャチャクチャ】にする」のであり、「悪く言う」と結びついてくる。

　なお、『和蘭字彙』に、「verhooijen.w.w.　チヤチヤクチヤニスル」という例が

見られる。「備アルモノヲ混乱サスルヲ云フ」と注し、以下の例が記されている。

㉖　汝ハ寐間中ヲ<u>チヤチヤクチヤ</u>ニシタ　（早大複製 V 43 オ）

2. 6　フトル【到大】
フトイ【大】【長大】【（高）大】
ハラガフトイ【飽】・ハラノヒク【餓】

㉗　若<u>到大</u>了

モシ、オ<u>フトリ</u>ナサッタラ　（221 頁　第 76 章　育児力学…41）

㉘　<u>到大</u>了　<u>フトク</u>ナッテ　（126 頁　第 43 章　勧人勉学…79）

㉙　吃得那麼<u>飽</u>麼　オアガリナサッタトテ、ドンナニ、<u>オハラガ、フト</u><u>ク</u>ゴザリマスネ　（2 頁　第 1 章　拝年）

㉚　真是<u>飽</u>略

ホントウニ、<u>ハラガフトク</u>、ゴザリマス　（2 頁　第 1 章　拝年）

㉛　年軽的人纔吃了、也容易<u>餓</u>啊　トシワカヒモノハ、イマタベテ、マタスグ、<u>ハラノヒク</u>モノデ、ゴザリマス　（2 頁　第 1 章　拝年）

「フトル」「フトイ」は九州方言語彙として知られている語で、「フトイ」は飯豊・日野・佐藤（1983）では、九州独特語彙として挙げられているので、詳細は省略し、以下簡単に触れるのみとする。

㉗のように「成長する、大きくなる」の意の「フトル」については、坂梨隆三（1993c）に『ヅーフハルマ』の九州方言と考えられる例として挙げられている。

㉘のような、「大きい」という意の「フトイ」の例は、九州方言学会（1991）によると、国内外の文献に多数現れている。

㉙㉚は、中国語の【飽】（満腹だ）の訳として使われた「ハラガフトイ」という例である。この「ハラガフトイ」という表現は『交隣須知』（対馬藩儒雨森芳州〈1668 - 1755〉編）にも現れている。

㉜　腹ガ<u>フトウ</u>ゴザル　（1、48 オ 7）

㉝　クタニ腹ガ<u>フトウ</u>ゴザル　（2、40 ウ 2）

【飽】の対義語【餓】（腹が減る）の訳としての「ハラノヒク」の例が㉛である。

2. 7　ボシ【帽子】

㉞　…使<u>帽子</u>覆住…

　　　　ボシヲモツテヒッカブセ（122頁　第41章　隔窓捕雀…40）

長音短呼の事象は、九州方言に特徴的なものとして、九州方言学会（1991）
ほかに、指摘されているが、この例は、語彙的なものであるようである。また、
奥村（1989）には、「帽子　ボシ」の例が挙げられている。この他、『唐話類
纂』にも現れる。福田（1989）では、『海外奇談国語解』『日本考』等の「ボ
シ」の例を挙げている。

　『自邇』及び『総』（ともに第40章）の中国語の本文では、「使帽子扣住了」
であり、『総』での訳文は「帽子（シヤッホ）デ扣住（オサヘツケ）マシタ」と
なっており、【帽子】を「シャッポ」と訳している。「シャッポ」は惣郷・飛田
（1986）『明治のことば辞典』によると、明治初年より文献に見られる語である。
フランス語の chapeau からの外来語である。

2. 8　マッキャ（【紅】、カオヲマッキャニナス【翻臉】）

㉟　他臉上<u>紅</u>了一陣　　アレガ、イチジ、<u>マッキヤ</u>ナ、カホヲイタシ、

　　　　（191頁　第66章　受人欺詐…68）

㊱　彼此生気<u>翻了臉</u>　　タガヒニ、ハラヲタテ、カホヲ<u>マツキヤ</u>ニナシテ、

　　　　（276頁　第96章　朋友口角…63）

【紅】は、「赤い、赤くする」という意であり、【翻臉】は、「顔を背ける」とい
う意から派生して、ここでは「怒りだす」という意で使われているので、㉟㊱の
「マッキヤ」「マツキヤ」という語は、ともに、「真っ赤」という意味である。

　『方大』には、「【まっきゃちょっきゃ】　赤色で飾りたてること。」として、
長崎県北松浦郡の「あの娘はまっきゃちょっきゃしてをるばい」という例が
載っている。『長崎県』には、「【まっきゃか】　赤い。平戸市志々伎。佐世保市
皆瀬。」「【まっきゃきゃ】　赤い。五島－宇久。」「【まっきゃちょっきゃ】　まっ
か。真っ赤。…中略…。五島－宇久。平戸市。松浦市志佐・御厨。北松浦－生
月。」とある。『現方』、及び、『日国大』には立項されていない。

　辞典の記載から、「マッキヤ」「マツキヤ」は、「マッキャ」と読むものと思
われ、「真っ赤」という意の九州（長崎）方言であると言えよう。当例は、文
献に現れる古い例と認められるのではないか。

3　まとめと今後の課題

　『参訂漢語問答篇国字解』に現れる「ホガス」等の九州方言語彙について、中国語の原文と対照させ、『総訳亜細亜言語集』の訳と対比させることにより考察した。【抓窟窿】【舐破】の訳語に用いられた複合動詞としての「ホガス」の用法が中国語の表現とも似通ったものであることや、広部精の訳と異なること等を指摘した。このような方法は、中国語会話書を利用することで初めて可能になるものである。明確な文脈を持った会話の中に現れているので、微妙なニュアンス、或いは、用法にまで言及することもできたと考える。

　また、文末表現「ございます」「ます」「ましてござる」を基調とした、丁寧で共通語的な会話文に九州方言が現れると言うことは、これらの方言語彙が、佐賀出身の福島九成にとって、方言的と言うよりは、寧ろ、共通語的と認識されていた可能性がある。実際、極めて九州方言的であると思われる「形容詞カ語尾」「ばってん」あるいは、「で＋は→じゃ」以外の助詞融合形[98]、連母音音訛形が現れないことは証左となろう。自序において、「初学者にわかりやすく」と言っており、戊辰戦争にも参加し、国の官吏として清国に赴任している人物であるから、佐賀の人間だけを対象に作ったとは考えられない。当然日本全国を視野に入れて書かれたはずである。実際に、福島自身も東京に住んでおり、版元は東京と大阪の書肆であった。この点からも、方言を駆使しようとの意図はなかったと推測できる。

　九州方言の点ばかりでなく、福島九成が士族出身であることにも注目する必要があろう。『参訂漢語問答篇国字解』は、このように、共通語的要素、武家言葉的要素、九州方言的要素、中国語翻訳的要素等が融合してできあがっている資料であり、各々、矛盾はないのである。今後、出自の判明している日本人の手になる翻案とも言える作品（単なる直訳ではない）の各要素を見極めていく作業が必要である。

98　園田（1996）参照。

終　章

　第 1 部では、イギリス人のトーマス・ウェードによって作られた北京官話会話集である『問答篇』（1860 年刊）、『語言自邇集』（1867 年刊）とその訳述書について資料的な検討を行った。訳述書としては、広部精の『総訳亜細亜言語集』「談論篇」（明治 15〈1882〉年刊）、福島九成の『参訂漢語問答篇国字解』（明治 13〈1880〉年刊）がある。よっつの資料における中国語の本文の異同を確認し、日本語訳文を対照させたところ、日本語の文、日本語の発想をもとに中国語を改変したと考えられる部分も見られた。『問答篇』は六角（1994）などではまだ知られていなかった資料であり、現在でも成立や伝播が全て解明されている訳ではない。中国語学や中国語教育史の分野における最新の成果を踏まえながら、分析を進めた。どのような日本語が反映されているかを知る手がかりとして、訳述者の詳細や訳述方針についても調べた。『総訳亜細亜言語集』では、日常使われる口語で訳したとの記述がある。また、『増訂亜細亜言語集』では、中国語母語話者が日本語学習のために使ったという述懐もなされている。日本語教育の教科書が整っていなかった時期の日本語教育、さらには、漢字等の母語の知識が活用できる中国語母語話者への日本語教育を考える上で重要な資料であることが分かった。明治 13（1880）年から明治 15（1882）年は、今につながる日本語が形成されつつある時期である。この時期に中国語会話書を通してみた日本語を分析することには意義がある。

　第 2 部では、一人称代名詞および二人称代名詞について考察した。日本語の人称代名詞は、英語や中国語と較べ、種類が豊富であるが、現れる頻度は少ないという特徴が見られるため、取り上げた。第 2 章では、明治前期から昭和前期までの中国語会話書 9 種の直訳度（もととなった中国語原文と日本語訳文とで人称代名詞がそのまま対応する度合い）を調べ、洋学資料との比較を行った。その結果、『亜細亜言語集』『総訳亜細亜言語集』の直訳度は、98 ～ 99％であり、洋学資料よりも高かった。ここから、なるべく中国語と日本語を対応させようとしたことが伺える。一方、『参訂漢語問答篇国字解』の直訳度は、70％であり、一部の洋学資料と同程度であり、必ずしも中国語と日本語を対応させていない

ことが窺える。後の時代の中国語会話書には、直訳度が 29％（篇によっては
6％）というものも見られ、洋学資料で最も直訳度が低いものと同程度である
ものも見られた。第 3 章では、直訳度がきわめて高い『総訳亜細亜言語集』に
ついて、中国語と日本語の表記も含めて、対応関係を明らかにした。中国語の
特定の形式（「託您」等）には日本語の人称代名詞が対応していないことも分
かってきた。第 4 章は、後の時代の資料で補足を行ったものである。

　第 3 部では、文末における待遇表現や「です」について考察した。第 5 章で
は、上層、中層、中下層のように階層も分けて待遇表現を調査した。文末表現
として『亜細亜言語集』「六字話」では「でございます」や「でござる」が多
く使われているが、『総訳亜細亜言語集』「問答編」では「です」「あります」
が多く現れている。第 6 章では、明治 11（1878）年から明治 21（1888）年まで
の明治前期中国語会話書 9 種における助動詞「です」の用法を詳細に調べ分析
した。『総訳亜細亜言語集』は「です」が多く使われる一方で、『参訂漢語問答
篇国字解』は「ましてござる」が多く現れている。

　第 4 部では、九州方言的要素を検討した。第 7 章では、『総訳亜細亜言語集』
『参訂漢語問答篇国字解』『語学独案内』『沖縄対話』の 4 資料を比較しながら、
「に」と「へ」の使い分けを示した。『参訂漢語問答篇国字解』で「に」使用率
が高かったのは九州方言の影響であり、気づかれない方言が反映されていると
言える。第 8 章と第 9 章は、中国語と九州方言語彙を対照させたものである。
明確な文脈を持った会話の中に現れていることばなので、微妙なニュアンスや
用法に言及することができた。

　本書では、主に日清戦争以前、特に明治 21（1888）年頃までを対象にし、日
本語・中国語会話集の日本語資料としての位置づけを論じた。その後、まと
まって日本語・中国語会話集（中国語会話書）が発行され出すのは、日清戦争
前年の明治 27（1894）年あたりになってからである。朝鮮半島をめぐって日清
韓会話書、日清戦争後は台湾語会話書、日露戦争期以降日清露会話書が著され、
本書でも触れた『官話指南総訳』や『急就篇総訳』も広く普及した。昭和 16
（1941）年になると『海南島語会話』まで作られるようになった。昭和 20
（1945）年までの台湾や南洋群島における多種多様な日本語の広がりとこれに
関連した日本語教育の展開については、また別の機会にまとめるつもりである。

中国語会話書一覧

1 中国語会話書一覧の示し方について

ここでは、本書で使用した資料や確認した資料を以下の点を明記して記す。

（通し番号）利用・中国語のみか／出版年月日／書名／著訳編者／資料の所在および初版か否かの別

明治前期を中心に確認を進めた。明治以前や大正以降については、主要な資料のみを使用（または確認）した。

(1) 利用に関して

以下の記号を用いた。

◎：本書または本書のもととなった博士論文で資料として使用したもの

○：確認済み

(2) 中国語のみか否か

中国語のみの中国語会話書には⊕の印を付けた。このほか、韓国語会話書であるが中国語会話書と密接に関わるため掲げたものがあり、これには「韓」の印を付した。この場合、関係する中国語会話書とセットであることが分かるようにした。台湾語会話書は中国語会話書の一種と考えている。

(3) 出版年月日について

出版年月日を「M28.12.5」のように記した。出版が多い時期にはなるべく年月日を記すようにしたが、出版が少ない時期は年月のみ記した。明治はM、大正はT、昭和はSの略号とした。刊行の場合の記載は略し、刊年不明の場合は序識年や編年を記した。明治以前、および、和暦に依りがたい場合は西暦を用いた。

(4) 資料の所在および初版か否かの別について

実際に使用した資料、実際に見て確認した資料の所在は以下のように記した。

・国図：国立国会図書館蔵本

　・狩野：東北大学狩野文庫蔵本

　・集成：六角・第1集〜第10集所載の複製

　・彙刊：張美蘭主編『日本明治時期漢語教科書彙刊』（広西師範大学出版社）
　　所載の複製

　初版の場合は（初版）と記した。

⑸　分類について

　以下のように分類して示した。

　・日本語の会話文が現れている中国語会話書

　・本文が中国語文のみの中国語会話書

　・（参考）江戸時代の唐話に基づくもの

2　日本語の会話文が現れている中国語会話書一覧

　主に明治39（1906）年までに刊行されたものを中心に実際に確認できた資料
108編を記載した。先行研究等で触れられているすべての資料を網羅したもの
ではない。

1 ◎ M11.12『日本支那英三国はなし文章』河野庄作、国図（初版）

2-1 ◎ M12.6『亜細亜言語集　巻一』「六字話」広部精、狩野（初版）

2-2 ◎ M12.6『亜細亜言語集　巻一』「摘訳」広部精、狩野（初版）

2-3 ◎ M35.11『増訂亜細亜言語集』広部精、国図（初版）

3-1 ◎ M13.4『総訳亜細亜言語集　巻一』広部精、国図（初版）

3-2 ◎ M13.5『総訳亜細亜言語集　巻二』広部精、国図（初版）

3-3 ◎ M13.8『総訳亜細亜言語集　巻三』広部精、国図（初版）

3-4 ◎ M15.12『総訳亜細亜言語集　巻四』広部精、国図（初版）

4 ◎ M13.9『参訂漢語問答篇国字解』福島九成、国図（初版）

5 ◎ M16.2『英和支那通弁須知』山口猛五郎、国図（初版）

6 ◎ M18.7『英清会話独案内』田中正程、国図（初版）

7 ◎ M18.8『英和支那語学自在』川崎華、国図（初版）

8 ◎ M20.9『四国会話　一名世界独行自在』小林真太郎、国図（初版）

9 ◎ M21.12『日漢英語言合璧』呉大五郎・鄭永邦、国図（初版）

10 ○ M22.5『支那語独習書　第一編（支那語独習学校)』谷信近、国図（初版）

11 ○ M26.6.27『日清会話自在』沼田正宣、国図（初版）

12-1 ◎韓 M27.7.13『実用朝鮮語　正編』中島謙吉、国図（初版）

12-2 ◎ M27.7.13『実用支那語　正編』中島謙吉、国図（初版）

13-1 ◎韓 M27.7.8『兵要朝鮮語』近衛歩兵第一旅団編
　　　（陸軍参謀本部属　多田桓校正)、国図（初版）

13-2 ◎ M27.8.7『兵要支那語』近衛歩兵第一旅団編
　　　（陸軍参謀本部属　平岩道知校正)、国図（初版）

13-3 ◎ M27.8.25『増訂再版兵要支那語付朝鮮語』近衛歩兵第一旅団編
　　　（陸軍参謀本部属　平岩道知校正)、国図（初版）

14-1 ◎韓 M27.8.7『日韓会話』参謀本部、国図（初版）

14-2 ◎ M27.8.23『日清会話』参謀本部、国図（初版）

15 ○ M27.8.17『支那語便覧　第一』加藤豊彦、国図（初版）

16 ◎ M27.9.10『日清韓三国対照会話篇』松本仁吉、国図（初版）

17 ○ M27.9.17『日清会話　附軍用語』（陸軍士官学校教官）木野村政徳、
　　国図（初版）[99]

18 ○ M27.9.17『独習速成日韓清会話』吉野佐之助、国図（初版）

19 ○ M27.9.22『独習日清対話捷径』星邦貞（蟠彭城)、国図（初版）

20 ○ M27.9.25『旅行必用日韓清対話自在』太刀川吉次郎、国図（初版）

21 ◎ M27.9.28『日清韓三国会話』坂井釟五郎、国図（初版）

22 ◎ M27.9.00『宣戦勅語入　日清韓対話便覧』田口文治、
　　国図（初版か否か不明）

23 ◎ M27.11.17『兵事要語日清会話』神代賤身、国図（初版）

24 ◎ M27.12.1『日清韓三国通語』天淵、国図（初版）

25 ○ M28.1.21『学語須知』松永清、国図（初版）

26 ○ M28.3.6『筆談自在軍用日清会話』鈴木道宇、国図（初版）

99　日本語、中国語の順に提示されている。

27 ○ M28.3.30『日清韓語独稽古』漢学散人、国図（初版）

28 ○ M28.4.2『支那語学楷梯』中島長吉、国図（初版）

29 ○ M28.4.17『軍用商業会話自在　支那語独案内』星文山人、国図（初版）

30 ◎ M28.5.4『支那語自在』豊国義孝、国図（初版）

31 ○ M28.5.27『漢話問答篇　附刊支那短語藪解』円山真逸、国図（初版）

32 ○ M28.7.1『国語対照支那語学独修便覧』福井太一、国図（初版）

33 ◎ M28.7.18『台湾語集（台湾日用土語集）』
　　（在澎湖島比志島混成枝隊司令部附通訳官）俣野保和、国図（初版）

34 ◎ M28.8.29『台湾言語集』（在台湾混成枝隊司令部附通訳官）岩永六一、
　　国図（初版）

35 ○ M28.8.31『日英対照支那語学速修案内（官話指南）　並露韓語学』
川辺紫石（徳三郎）、国図（初版）

36 ○ M28.9.7『支那南部会話　一名南京官話』小倉錦太・金沢保胤、国図（初版）

37 ◎ M28.9.15『台湾会話編』（在台湾近衛師団司令部附）坂井釟五郎、
　　国図（初版）

38 ◎ M28.12.5『台湾語』田内八百久万、国図（初版）

39 ○ M29.2.17『日台会話大全』水上梅彦、国図（初版）

40 ◎ M29.3.2『独習自在台湾語全集』、（熊本県士）木原千楯、国図（初版）

41 ○ M29.3.15『台湾会話篇』辻清蔵・三矢重松、国図（初版）

42 ○ M29.3 月下旬識『警務必携台湾散語集』御幡雅文、彙刊

43 ◎ M29.5.17『台湾土語全書』（高等商業学校卒業生・旧台北語学校卒業生）
　　田部七郎・蔡章機共著、国図（初版）

44 ○ M33.7.29『清語会話案内　上巻』西島良爾、国図（初版）

45 ○ M33.8.25『新撰日華会話編』岡本経朝・王鴻年、国図（初版）[100]

46 ◎ M33.9.16『支那語独習書』宮島大八、国図（初版）、集成（初版）

47 ○ M33.11.18『清語会話案内　下巻』西島良爾、国図（初版）

48 ○ M34『支那語』金井保三、国図（初版か否か不明）

49 ○ M35.9『支那語自在』金井保三、集成

100　日本語、中国語の順に提示されている。

50 ○ M35.11.14『速成日清会話独修』鹿島修正、国図（初版）

51 ○ M36.5.15『日清会話篇』松永清、国図（初版）

52 ○ M37.2.1『支那語異同弁』原口新吉、国図（初版）

53 ○ M37.2.20『支那語速成兵事会話』宮島大八、国図（初版）

54 ○ M37.4.8『華語蹉歩総訳』伴直之助、国図（初版）[101]

55 ○ M37.4.10『袖珍実用満韓土語案内』平山治久（陸軍歩兵大尉）、国図（初版）

56 ○ M37.4.25『支那語動字用法』張廷彦、国図（初版）

57 ○ M37.5.12『満洲語会話一ケ月卒業』石塚猪男蔵（日清戦争時の通訳）、
　　　国図（初版）

58 ○ M37.5.20『清語三十日間速成』、西島良爾、国図（初版）

59 ○ M37.5.26『従軍必携日満会話』島田孝治、国図（初版）[102]

60 ○ M37.5『北京官話支那語学捷径』足立忠八郎、集成

61 ○ M37.5『実用日清会話独修』鈴木雲峰、国図（初版か否か不明）

62 ○ M37.7.1『清語会話速成』東洋学会、国図（初版）

63 ○ M37.7.2『日清会話独習』山岸辰蔵、国図（初版）

64 ○ M37.8『北京官話実用日清会話』足立忠八郎、集成

65 ○ M37.8.8『弐週間成功清国語速成』日清研究会、国図（初版）

66 ○ M37.9.14『日清露会話』粕谷元（陸軍中尉）・平井平三（陸軍通訳）、
　　　国図（初版）

67 ○ M37.10.20『上海語独案内』勧学会分社（代表者：杉江房蔵）、国図（初版）

68 ◎ M38.1.20『官話指南総訳』呉泰寿、国図（初版）、集成

69 ○ M38.1.23『北京官話通訳必携』馬紹蘭・足立忠八郎、国図（初版）

70 ○ M38.4.10『新編支那語独修（北京官話支那独修）』三原好太郎、
　　　国図（初版）

71 ○ M38.4.14『支那語学案内　〔日英対照官話指南〕』川辺紫石（徳三郎）、
　　　国図（初版）

72 ○ M38.5.20『清語読本　後篇』東方語学校、国図（初版）

101　再版本には 3.30 とある。
102　日本語、中国語の順に提示されている。

73 ○ M38.5.25『初歩清語教科書』楊学泗（市立高松商業学校教諭）、
　　国図（初版）[103]

74 ○ M38.6.16『日清韓会話』（清国劉泰昌閲・韓国呉完与閲）、国図（初版）[104]

75 ○ M38.6.18『日清会話』粕谷元（陸軍大尉）、国図（初版）

76-1 ○ M38.6.18『初歩支那語独修書　上編』原口新吉、国図（初版）

76-2 ○ M39.10.30『初歩支那語独修書　下編』原口新吉、国図（初版）

77 ◎ M38.6.20『東語士那叢談便覧』田中慶太郎（京都出身）、集成

78 ○ M38.6.20『続日清語入門　較対無訛』松雲程・服部邦久、国図（初版）

79 ○ M38.6『対訳清語活法　附録支那時文速知』来原慶助、集成

80 ○ M38.7.1『日清会話語言類集』金島苫水、国図（初版）

81 ◎ M38.7.2『台湾語捷径』吉田起一、国図（初版）

82 ○ M38.7『日華会話筌要』平岩道知、集成

83 ○ M38.8.25『日清英語学独習』林聖懋、国図（初版）

84 ○ M38.9.15『註釈日清語学金針』馬紹蘭（台湾協会専門学校講師）・謝介石
　　（台湾協会専門学校講師）・杉房之助（日清語学会主幹）、国図（初版）

85 ○ M38.9.20『日清会話入門』西島良爾、国図（初版）

86 ○ M38.9.28『北京官話常言用例』小路真平・茂木一郎、国図（初版）

87 ○ M38.9『実用日清会話』湯原景政、集成

88 ○ M38.11.7『清語文典』信原継雄、国図（初版）

89 ○ M39.2.25『清語新会話』山崎久太郎（桃洲）、国図（初版）

90 ○ M39.3.15『支那語之勧』大久保家道、国図（初版）

91 ○ M39.4.15『清語正規』清語学堂速成科、国図（初版）

92 ○ M39.6.15『日清言語異同弁』中島錦一郎、国図（初版）

93 ○ M39.7.13『北京官話日清会話捷径』甲斐靖、国図（初版）

94 ○ M39.10.18『日華語学辞林』井上翠、国図（初版）

95 ○ M39.10.30『日華会話辞典』鈴木暢幸、国図（初版）

103　練習問題に日本語が現れている。
104　日本語、中国語（韓国語）の順に提示されている。
105　ただし、「六字話」「摘訳」には日本語が出てくるため、巻一は「2　日本語の会話文が
　　現れている中国語会話書一覧」にも掲げた。

96 ○ M39.12.10『北京官話万物声音　附感投詞及発音須知』瀬上恕治、
　　国図（初版）

97 ○ M39.12.10『最新清語捷径』西島良爾、国図（初版）

98 ○ M40.1.10『官話応酬新篇』渡俊治、国図（初版）、集成

99 ○ M43.4.30『華語跬歩総訳　上巻』御幡雅文、国図（初版）

100 ○ M43.6.10『華語跬歩総訳　下巻』御幡雅文、国図（初版）

101 ○ M43.5『支那語の講義』青砥頭夫、集成

102 ○ M43.8.10『談論新編訳本』岡本正文、国図（初版）

103 ◎ T5.7『官話急就篇総訳』杉本吉五郎、集成

104 ◎ T6.9『官話急就篇詳訳』大橋末彦、集成

105 ◎ T13.12『急就篇を基礎とせる支那語独習』打田重治郎、集成（初版）

106 ○ S8.2『談論新編訳』岡本正文原訳・水野絮輔補訂、集成

107 ◎ S9.7『急就篇総訳』宮島大八、集成

108 ○ S16.8『海南島会話』台湾南方協会編（山路円次・松谷雅監修）、
　　国図（初版）

3　本文が中国語文のみの中国語会話書一覧

　序や緒言に日本語が現れるものもある。主に明治39（1906）年までに刊行された
ものを中心に実際に確認できた資料30編を記載した。先行研究等で触れ
られているすべての資料を網羅したものではない。

1 ○㊉ 1860『登瀛篇』トーマス・ウェード、内田・氷野・宋（2015）所収
　　影印本文（オーストラリア国立図書館蔵本）

2 ◎㊉ 1860『問答篇』トーマス・ウェード、内田・氷野・宋（2015）所収
　　影印本文（ハーバード大学燕京図書館蔵本）

3 ◎㊉ 1867『語言自邇集』トーマス・ウェード、内田・氷野・宋（2015）所収
　　影印本文（内田慶市架蔵本）

4 ○㊉ M12.4『北京官話伊蘇普喩言』中田敬義（支那北京駐在）、国図（初版）

5 ◎㊉ M12.6 ～ 13.8『亜細亜言語集』広部精、巻一〜巻七、狩野（初版）[105]

6 ○⊕ M13.4『新校語言自邇集　散語之部』興亜会支那語学校、国図（初版）[106]

7 ○⊕ M13.11『日清対話　第一編』三宅敬一、国図（初版）

8 ◎⊕ M13『清語階梯語言自邇集』編者不詳（慶應義塾出版社）、集成

9 ◎⊕ M15『官話指南』呉啓太・鄭永邦、『官話指南』（初版）

10 ○⊕ M19.4『自邇集平仄編四声聯珠』福島安正、国図（初版）

11 ○⊕ M30.12『官話輯要』宮島大八、国図（初版）

12 ○⊕ M31.12.15『北京官話談論新編』金国璞・平岩道知、集成

13 ○⊕ M32.10『京都商業学校教科用書　燕語啓蒙』牧相愛、国図（初版）[107]

14 ○⊕ M34.7.30『華語跬歩』東亜同文会、国図（初版）

15 ○⊕ M34.10『清語教科書　並続編』西島良爾、集成

16 ◎⊕ M34.12.20『北京官話士商叢談便覧　上巻』田中慶太郎、国図（初版）

17 ◎⊕ M35.6.20『北京官話士商叢談便覧　下巻』田中慶太郎、国図（初版）

18 ○⊕ M35.7.6『清語読本』西島良爾、国図（初版）

19 ○⊕ M36.8.31『新編支那語会話読本』青柳篤恒、国図（初版）

20 ○⊕ M36.9.13『官話篇』宮島大八、国図（初版）

21 ○⊕ M36.10.1『華語跬歩』御幡雅文、国図（初版）

22 ○⊕ M37.3.5『新編中等清語教科書』西島良爾・林達道、国図（初版）

23 ◎⊕ M37.8.28『官話急就篇』宮島大八、国図（初版）

24 ○⊕ M38.4.15『官話速成篇』（東亜同文叢書　第壱篇）張毓霊・宮沢文次郎
　　（張廷彦校閲）、国図（初版）

25 ○⊕ M39.7.5『北京官話清国民俗土産問答』文求堂編輯局、国図（初版）

26 ○⊕ M39.11.20『動字分類大全』張廷彦、国図（初版）

27 ◎⊕ S8.10.5『急就篇』宮島大八、集成

28 ○⊕ S10.11.5『羅馬字急就篇』宮島大八、集成

29 ○⊕刊年不詳『続急就篇』宮島大八、集成[108]

30 ○⊕ S16.12.30『続急就篇』宮島大八、集成

106　緒言は日本語である。
107　会話の部分は中国語のみ
108　30の『続急就篇』とは内容が異なっている。詳細不明。

4 （参考）江戸時代の唐話に基づくもの

1 ○⊕編年・編者不詳『闇裏闇』、集成（写本）
2 ○⊕編年・編者不詳『養児子』、集成（写本）
3 ○⊕編年・編者不詳『官話纂』、集成（写本）
4 ○⊕編年・編者不詳『小孩子』、集成（写本）
5 ○⊕刊年・編者不詳『漢語跬歩』、集成
6 ○ M4 序識『漢語捷径　巻一』橋爪貫一、国図

参考文献

〈ア行〉

青柳篤恒（1942）「思ひ出づる支那語研究の懐古」『中国文学』83（特輯「日本
　　と支那語」）

揚妻祐樹（2012）「台湾教育会編『國光』について」『藤女子大学国文学雑誌』
　　87

青木伶子（1956）「「へ」と「に」の消長」『国語学』24

赤羽根義章（1987）「格助詞「に」と「で」について―文法指導の視点から―」
　　『日本語学』6 - 5

朝日新聞社（1990）『現代日本 朝日人物事典』朝日新聞出版

安藤彦太郎（1988）『中国語と近代日本』岩波書店

飯豊毅一・日野資純・佐藤亮一編（1983）『講座方言学9―九州地方の方言―』
　　（国書刊行会）

石崎又造（1940）『近世日本に於ける　支那俗語文学史』弘文堂書房

井島正博（2013）「当為表現の構造と機能」『日本語学論集』9

板垣友子（2013）「官話急就篇の初版と増訂版との比較」『中国言語文化学研
　　究』2

板垣友子（2016）「官話教科書の日本語訳に関する考察―宮島大八の教本を中
　　心に―」『日中語彙研究』〈愛知大学中日大辞典編纂所〉5

伊藤虎丸（1992）「増井経夫氏蔵郭沫若致文求堂田中慶太郎書簡刊印縁起　付
　　田中慶太郎関係資料目録初稿」『東京女子大学比較文化研究所紀要』
　　53

伊藤博文編・金子堅太郎等校訂（1936）『秘書類纂 第一八巻 台湾資料』秘書
　　類纂刊行会

井上翠（1950）『松濤自述』大阪外国語大学中国研究会編

岩波書店編集部（1968）『近代日本総合年表』岩波書店

内田慶市（2015）「『語言自邇集』の成立と伝播―解題に代えて」『語言自邇集

の研究』好文出版

内田慶市・氷野歩・宋桔（2015）『語言自邇集の研究』好文出版

内田慶市・氷野善寛（2016）『官話指南の書誌的研究』好文出版

王暁秋作成・飛田良文ほか訳注（2009）「中国人の目から見た近代中日文化交流年表」『アジア文化研究』35

大木一夫（2016）「言語史叙述の構造」『日本語史叙述の方法（ひつじ研究叢書〈言語編〉142）（大木一夫・多門靖容編）』ひつじ書房

奥村彰悟（1999）「江戸語における「へ」格・「に」格―『浮世風呂』の登場人物別使用傾向―」『筑波日本語研究』4

奥村三雄（1989）『九州方言の史的研究』おうふう

小倉進平著・河野六郎補注（1964）『増訂補注　朝鮮語学史』刀江書院

〈カ行〉

何盛三（1928）『北京官話文法』太平洋書房

桂川甫周（1974）『和蘭字彙』（杉本つとむ解説）早稲田大学出版会

加藤正信（1982）「方言語彙の概説」『講座日本語の語彙 8 方言の語彙』明治書院

加藤好崇・新内康子・平高史也・関正昭（2013）『日本語・日本語教育の研究―その今、その歴史』スリーエーネットワーク

金山泰志（2014）『明治期日本における民衆の中国観―教科書・雑誌・地方新聞・講談・演劇に注目して―』芙蓉書房

金子弘（1997）「『沖縄対話』の明治東京語」『日本語の歴史地理構造』加藤正信・明治書院

金子弘（2000）「幕末・明治期洋学資料の例文の文体―人称代名詞の使用率と直訳度―」『語から文章へ』〈語から文章へ編集委員会〉

九州方言学会（1991）『九州方言の基礎的研究　改訂版』風間書房（初版は 1969 年刊）

久保大来（1942）『佐賀県翼賛叢書　第五輯　郷土出身興亜先賢列伝』（大政翼賛会佐賀県支部発行）

倉石武四郎（1973）『中国語五十年』岩波書店

黒星淑子（1997）「〈人物〉を受ける「へ」について」『語文研究』84（九州大学国語国文学会）

甲田直美（2016）「言い切り発話の叙述論的把握」『国語学研究』55

国立国語研究所（1989）『方言文法全国地図』1「助詞編」（大蔵省印刷局）

国立国語研究所（2005）『太陽コーパス　雑誌『太陽』日本語データベース』博文館新社

香坂順一（1983）『白話語彙の研究』光生館

小島俊夫（1959）「後期江戸語における「デス」・「デアリマス」・「マセンデシタ」」（『国語学』39・『後期江戸ことばの敬語体系』笠間書院　所収）

小林隆（1992）「「へ」の消長についての方言地理学的一考察」『日本語学』11－6

小林隆（2004）『方言学的日本語史の方法（ひつじ研究叢書〈言語編〉32）』ひつじ書房

小松寿雄（1985）『江戸時代の国語　江戸語』東京堂出版

小松寿雄（2007）「幕末江戸語の一・二人称代名詞」『学苑』802

小松寿雄（2016）「江戸語・明治東京語の父母の称」『近代語研究』19（近代語学会編）、武蔵野書院

小松寿雄（2018）「明和洒落本の一・二人称代名詞」『近代語研究』20（近代語学会編）、武蔵野書院

近藤明日子（2013）「近代総合雑誌記事に出現する一人称代名詞の分析─単語情報付き『太陽コーパス』を用いて─」『近代語研究』17（近代語学会編）、武蔵野書院

〈サ行〉

斎藤倫明（2016）『語構成の文法的側面についての研究（ひつじ研究叢書〈言語編〉139）』ひつじ書房

坂梨隆三（1993a）「『ヅーフハルマ』の九州方言」『鶴久教授退官記念国語学論集』桜楓社

坂梨隆三（1993b）「『ヅーフハルマ』の方言」『国語研究』明治書院

坂梨隆三（1993c）「『ヅーフハルマ』の方言など」『東京大学教養学部編人文科

　　　学科紀要 97　国文学・漢文学ⅩⅩⅥ』

渋谷勝巳（1988）「江戸語・東京語の当為表現―後部要素イケナイの成立を中
　　　心に―」『大阪大学日本学報』7

白井純（1997）「キリシタン文献における「に」格と「へ」格―待遇表現の標
　　　識について―」『国語国文研究』106（北海道大学国語国文学会）

進藤咲子（1959）「明治初期の小新聞にあらわれた談話体の文章」『国立国語研
　　　究所論集 1　ことばの研究』国立国語研究所

杉本つとむ（1978）『江戸時代　蘭語学の成立とその展開Ⅲ―対訳語彙集およ
　　　び辞典の研究』早稲田大学出版部

鈴木勝忠（1960）「雑俳ノート「です」」『国語と国文学』37 - 9

鈴木博（1981）「『ズーフハルマ』の長崎言葉」『藤原与一先生古稀記念論集
　　　方言学論叢Ⅱ―方言研究の射程―』三省堂

関正昭（1997）『日本語教育史研究序説』スリーエーネットワーク

関正昭・平高史也（1997）『日本語教育史』アルク

惣郷正明・飛田良文（1986）『明治のことば辞典』東京堂出版

園田博文（1996）「音訛より見た上方人の江戸語描写について―江戸人の上方
　　　語描写との対比を通して」『文芸研究』142

園田博文（1997）「明治初期中国語会話書の日本語―『亜細亜言語集』『総訳亜
　　　細亜言語集』を中心に―」『文芸研究』144

園田博文（1998a）「中国語会話書における助動詞「です」の用法について―明
　　　治 10 年代を中心に―」『国語学研究』37（『中国関係論説資料』第 49 号
　　　第 2 分冊〈論説資料保存会、2009 年 1 月刊〉に採録）

園田博文（1998b）「『参訂漢語問答篇国字解』（明治 13 年刊）に於ける訳語の性
　　　格―九州方言との関わり―」『言語科学論集』2

園田博文（1999）「日清韓会話書と近代日本語―形容詞丁寧形をめぐる日本語
　　　教育の基礎的研究―」『人文学報』〈大韓民国江陵大学校人文科学研究
　　　所〉28

園田博文（2000）「日本語教科書に見られる形容詞丁寧表現―明治 6 ～ 8 年刊
　　　日本語会話篇 8 種を資料として―」『語から文章へ』〈語から文章へ編
　　　集委員会〉

園田博文（2002）『語言自邇集（COLLOQUIAL CHINESE）』訳述書の中国語と
　　　九州方言―会話文中における語の解釈―」『佐賀大学留学生センター
　　　紀要』1

園田博文（2005）「中国語会話書に於ける「へ」と「に」―使い分けについて
　　　の一考察―」『日本近代語研究』4（近代語研究会編）、ひつじ書房

園田博文（2006a）「式亭三馬洒落本の江戸語」『国語論究（江戸語研究―式亭三
　　　馬と十返舎一九―）』12、明治書院

園田博文（2006b）「『浮世床』における「へ」と「に」の使い分け―共用動詞
　　　の分析から―」『近代語研究』13（近代語学会編）、武蔵野書院

園田博文（2008）「国定読本における助詞「へ」使用率の変化について―第一
　　　期から第六期―」『近代語研究』14（近代語学会編）、武蔵野書院

園田博文（2010）『日清会話』と『日韓会話』（参謀本部編明治二七年八月刊）
　　　―日本語資料としての位置付け―」『近代語研究』15（近代語学会編）、
　　　武蔵野書院

園田博文（2012）「明治28年刊台湾語会話書の植物語彙に関する一考察―『台
　　　湾語集』『台湾言語集』『台湾会話編』『台湾語』を中心に―」『近代語
　　　研究』16（近代語学会編）、武蔵野書院

園田博文（2016a）「『官話指南総訳』（明治三八年刊）の日本語―当為表現・ワ
　　　ア行五段動詞連用形の音便・人称代名詞を手がかりに―」『近代語研
　　　究』19（近代語学会編）、武蔵野書院

園田博文（2016b）「日中交流の先哲、宮島大八」『山形新聞』（2016年11月28
　　　日号・NIE欄・地域と学ぶ⑮、記事）

園田博文（2017a）「『官話急就篇』『急就篇』訳述書4種の日本語―近代日本語
　　　資料としての性質と活用法について―」『山形大学紀要（教育科学）』
　　　16－4

園田博文（2017b）「杉本訳『官話急就篇総訳』（大正5年刊）における質問表現
　　　―大橋訳・打田訳・宮島訳との比較を通して―」『山形大学紀要（人
　　　文科学）』18－4

園田博文（2017c）「文求堂主人田中慶太郎訳『東語士商叢談便覧』の日本語―
　　　人称代名詞・当為表現・ワア行五段動詞連用形の音便を例として―」

『山形大学 教職・教育実践研究』12

園田博文（2017d）「宮島大八著『急就篇総訳』（昭和 9 年刊）の日本語資料としての特徴―当為表現を手がかりに―」『文芸研究』184

園田博文（2017e）「明治・大正・昭和初期中国語会話書 9 種に見られる日本語訳文の性質― 一・二人称代名詞と当為表現の直訳度を手がかりに―」（『日本語学会 2017 年度秋季大会予稿集』）

園田博文（2018a）「『総訳亜細亜言語集』（明治 13 ～ 15 年刊）における人称代名詞―中国語と対応する日本語の表記を中心に―」『山形大学紀要（教育科学）』17－1

園田博文（2018b）「トーマス・ウェード（威妥瑪）著『問答篇』（1860 年刊）及び『語言自邇集』（1867 年刊）の成立と近代日本における受容」『銘傳大學 2018 國際學術研討會　教育國際化潮流趨勢下台灣日語教育之反思―策略與實踐―（大會論文集）』（銘傳大學應用外語學院應用日語學系）

園田博文（2018c）「中国語会話書における二重否定形式当為表現「ネバナラヌ類」とその周辺―明治以降昭和 20 年までの資料を中心に―」『近代語研究』20（近代語学会編）、武蔵野書院

園田博文（2018d）「明治初期日本語資料としての『問答篇』『語言自邇集』訳述書―中国語原文改変の実態と日本語訳文の性格について―」『銘傳日本語教育』21（銘傳大學教育暨應用語文學院應用日語學系出版）

園田博文（2019）「昭和初期台湾における日本語教育月刊誌『薫風』『黎明』『国光』について―青年劇と地震の記事を中心に―」『近代語研究』21（近代語学会編）、武蔵野書院

園田博文（2020a）「昭和初期台湾刊『新国語教本教授書』における仮名導入前の日本語指導について」『山形大学紀要（人文科学）』19-3

園田博文（2020b）「戦前の規範としての女性語―昭和 15 年台湾刊『潮州郡国語講習所用 話方読方教授細目』「男子教材」「女子教材」を資料として―」『山形大学紀要（教育科学）』17-3

園田博文（2020c）「台湾の日本語教育月刊誌『国光』（昭和 7 年創刊）における投稿文の資料性―誤用と誤文訂正を中心に―」『論究日本近代語』1（日本近代語研究会編）、勉誠出版

園田博文（2020d）「台湾における国語の発音指導―昭和 14 〜 15 年刊『国語講習所用　新国語教本日案式　指導細案』等 2 種における誤用例を中心に―」『国語学研究』59

園田博文（2020e）「洒落本の語彙（男性のことばと女性のことば）」『シリーズ〈日本語の語彙〉4　近世の語彙―身分階層の時代―』朝倉書店

ソンユンア（2008）「日本語資料としての朝鮮語会話書 [明治前期]」『日本語の研究』4 - 2

〈タ行〉

竹内好（1941）「支那語の教科書について」『中国文学』78

田島優（2017）『「あて字」の日本語史』風媒社

田中章夫（1967）「江戸語・東京語における当為表現の変遷」『国語と国文学』44 - 4

〈田中章大（2001）『近代日本語の文法と表現』明治書院所収〉

田中章夫（1969）「近代東京語の当為表現」『佐伯梅友博士古稀記念国語学論集』表現社

〈田中章夫（2001）『近代日本語の文法と表現』明治書院所収〉

田中章夫（1991）『標準語《ことばの小径》』誠文堂新光社

田中章夫（2001）『近代日本語の文法と表現』明治書院

田中章夫（2002）『近代日本語の語彙と語法』東京堂出版

田中慶太郎（1942）「出版と支那語」『中国文学』83

田浦真喜子（1981）「教科書における格助詞―「へ」と「に」の用例の考察」『語学と文学』11（九州女子大学国語国文学会）

辻村敏樹（1964）「近世後期の待遇表現」（『国語と国文学』36 - 10（『敬語の史的研究』東京堂出版　所収）

辻村敏樹（1965）「「です」の用法―近世語から現代語へ―」『近代語研究』1（近代語学会編）、武蔵野書院

靏岡昭夫（1979）「近代口語文章における「へ」と「に」の地域差―「行く」と「来る」について―」『中田祝夫博士功績記念国語学論集』勉誠社

靏岡昭夫（1980）「漱石『坊っちゃん』と鴎外『雁』における助詞「へ」と

「に」の比較」『電子計算機による国語研究Ｘ』（国立国語研究所報告67）

鶴岡昭夫（1981）「助詞「へ」と「に」との使い分けの一考察―漱石『坊っちゃん』と鴎外『雁』とを比較して―」『馬淵和夫博士退官記念国語学論集』大修館書店

手塚晃（1992）『幕末明治海外渡航者総覧　第2巻　人物情報編』柏書房

東亜同文会内対支功労者伝記編纂会（1936）『対支回顧録　上巻・下巻（明治百年史叢書第69・70巻）』東亜同文会内対支功労者伝記編纂会（代表者中島真雄）

東京外国語学校（1874）『東京外国語学校沿革』東京外国語学校

東京外国語大学史編纂委員会（1999）『東京外国語大学史』東京外国語大学史編纂委員会

常盤智子（2015）『英学会話書の研究』武蔵野書院

常盤智子（2018）「幕末明治期における日英対訳会話書の日本語―数量の多さを表す句との対応から―」『日本語の研究』14－2

冨田哲（2000）「統治者が被統治者の言語を学ぶということ―日本統治初期台湾での台湾語学習―」『言語と植民地支配（植民地教育史年報 第3号）』晧星社

〈ナ行〉

中川仁（2009）『戦後台湾の言語政策―北京語同化政策と多言語主義』東方書店

長崎県教育会（1942）『長崎県教育史　上巻』長崎県教育会

中田敬義（1942）「明治初期の支那語」『中国文学』83（特輯「日本と支那語」）

中村通夫（1984）『東京語の性格』川田書房

成家徹郎（2009a）「日中友好の断層―郭沫若と文求堂田中慶太郎（上）―」『東方』344

成家徹郎（2009b）「日中友好の断層―郭沫若と文求堂田中慶太郎（下）―」『東方』345

成家徹郎（2010）「郭沫若と文求堂田中慶太郎―交流の軌跡―」『人文科学』15

（大東文化大学人文科学研究所）

日外アソシエーツ編集部（2010）『新訂増補　人物レファレンス事典　明治・大正・昭和（戦前）編Ⅱ』

日本現今人名辞典発行所（1900）『日本現今人名辞典』日本現今人名辞典発行所（編纂者主任田中重策）

『日本語教育史論考第二輯』刊行委員会（2011）『日本語教育史論考第二輯』冬至書房

日本史籍協会（1927）『百官履歴』（日本史籍協会叢書第175・176巻）（日本史籍協会代表者森谷秀亮）

日本歴史学会（1981）『明治維新人名辞典』吉川弘文館（日本歴史学会代表者坂本太郎）

〈ハ行〉

原口裕（1969a）「近代の文章に見える助詞「ヘ」」『北九州大学文学部紀要』4

原口裕（1969b）「「に」と「ヘ」の混用－近世初頭九州関係資料の場合－」『福田良輔教授退官記念論文集』

原口裕（1972）「「デス」の推移―活用語に接続する場合―」『静岡女子大学研究紀要』5（『論集日本語研究15現代語』有精堂　所収）

飛田良文（1969）「『西洋道中膝栗毛』における指定表現体系の実態」『月刊文法』2－2

飛田良文（1970）「明治初期東京語の指定表現体系―方言と社会構造との関係―」『方言研究の問題点』明治書院

飛田良文（1992）『東京語成立史の研究』東京堂出版

氷野歩（2015）「近代日本における『語言自邇集』の受容と展開」『語言自邇集の研究』好文出版

福田益和（1989）「『吾妻鏡補』所引「海外奇談国語解」　本文の構成と語彙」『活水日文』22

古田東朔（1967）「幕末・明治初期の翻訳文等における「Ｘ＋アル」」『国語と国文学』44－4

古田東朔（1974）「幕末期の武士のことば」『国語と国文学』51－1（鈴木丹士

郎編『論集日本語研究 14　近世語』有精堂〈1985 年刊〉所収）

古田東朔（1982）「現代の文法」『講座国語史 4 文法史（第 7 章)』大修館書店

文化庁文化部国語課（1997）『国語に関する世論調査（平成 9 年 1 月調査)』大蔵
　　省印刷局

文化庁文化部国語課（1999）『国語に関する世論調査（平成 11 年 1 月調査)』大
　　蔵省印刷局

〈マ行〉

鱒沢彰夫（1988）「北京官話教育と『語言自邇集　散語問答　明治 10 年 3 月川
　　崎近義鈔本』」『中国語学』235

松﨑安子（2002）「国定修身教科書における文末表現」『言語科学論集』6

松村明（1953）「明治初期の国語—現代語の源流としての—」『国文学解釈と鑑
　　賞』18 - 6

松村明（1956）「「ませんでした」考」『国文』6（『論集日本語研究 15 現代語』有
　　精堂　所収）

松村明（1970）『洋学資料と近代日本語の研究』東京堂出版

松村明（1990）「明治初年の洋学会話書における助動詞「です」とその用法」
　　『近代語研究』8（近代語学会編）、武蔵野書院

松村明（1993）「『語学独案内』における打消の助動詞「ない」「ぬ」とその用
　　法」『近代語研究』9（近代語学会編）、武蔵野書院

松本龍之助（1926）『明治大正 文学美術人名辞書』国書刊行会

宮島大八（1942）「詠帰舎閑話」『中国文学』83

村上雅孝（1997a）「「俗語解」と「雅俗漢語訳解」—近世唐話学の行方—」『文
　　芸研究』143

村上雅孝（1997b）「近代語史における『訳文筌蹄』の意義」『国語論究 6　近代
　　語の研究』明治書院

村上雅孝（1998）『近世初期漢字文化の世界』明治書院

村上雅孝（2005）『近世漢字文化と日本語』おうふう

諸星美智直（1986）「国語資料としての帝国議会議事速記録—当為表現の場合
　　—」『国学院大学大学院紀要（文学研究科)』17

諸星美智直（2004）『近世武家言葉の研究』清文堂

諸星美智直（2009）「John　MacGowan"A manual of the Amoy colloquial"と三矢重松・辻清蔵訳述『台湾会話篇』」『国語研究』72

諸星美智直（2010）「松本亀次郎編著の日本語教科書類における当為表現の扱い」『言語文化研究』9

文部省（1875-1914a）『日本帝国文部省年報 第 1（明治 6 年）』文部省

文部省（1875-1914b）『日本帝国文部省年報 第 4（明治 9 年）第 1 冊』文部省

文部省（1875-1914c）『日本帝国文部省年報 第 7（明治 12 年）』文部省

〈ヤ行〉

矢澤真人（1998）「「へ」格と場所「に」格─明治期「へ」格の使用頻度を中心に─」『文芸言語研究　言語篇』34（筑波大学文芸・言語学系）

矢澤真人・橋本修（1998）「近代語の語法の変化─『坊ちゃん』の表現を題材に─」『日本語学』17 － 6

矢島正浩（2010）「近世以降の当為表現の推移」『日本語文法』10 － 2

〈矢島正浩（2013）『上方・大阪語における条件表現の史的展開』笠間書院所収〉

矢島正浩（2013）『上方・大阪語における条件表現の史的展開』笠間書院

八木正自（2011a）「文求堂田中慶太郎，唐本商の泰斗」『日本古書通信』980 号

八木正自（2011b）「文求堂田中慶太郎，唐本商の泰斗②」『日本古書通信』981 号

安岡昭男（2010）『幕末維新大人名事典　下巻』新人物往来社

山西正子（2001）「現代語における当為表現」『目白大学人文学部紀要　言語文化篇』7

山脇悌二郎（1964）『長崎の唐人貿易』吉川弘文館

湯浅彩央（2002）「関東地方における当為表現─史的変化・分布からの一考察─」『論究日本文学』77

湯浅彩央（2007）「国語教科書における当為表現の変化─明治から昭和二〇年代にかけて─」『論究日本文学』86

湯浅彩央（2012）「近世以降の東西方言における禁止表現の史的研究─当為表

現との関わりから─」『論究日本文学』96

湯浅彩央（2019）『近代日本語の当為表現』武蔵野書院

湯沢幸吉郎（1929）『室町時代言語の研究─抄物の語法─』大岡山書店（風間書房による1955年の再版を利用した）

湯沢幸吉郎（1930）「狂言記の「です」の起原」『国語教育』15－1（『国語語学論考』八雲書林　所収）

湯沢幸吉郎（1936）『徳川時代言語の研究　上方篇』刀江書院

湯沢幸吉郎（1954）『江戸言葉の研究』明治書院

吉岡英幸（2000）「明治期の日本語教材」『日本語教育史論考─木村宗男先生米寿記念論集─』凡人社

吉川泰雄（1977）『近代語誌』角川書店

〈ラ行〉

李慶国（2005）「郭沫若と文求堂主人田中慶太郎─重ねて『郭沫若到文求堂書簡』の誤りを訂正する─」『アジア文化学科年報』8

林美秀（2006）「『日台大辞典』の方言語彙」『岡大国文論稿』34

林美秀（2006）「『日台大辞典』の語彙の特色─音韻面からの一考察─」『岡大国文論稿』35

林美秀（2008）「日本統治時代における台湾語仮名表記の変化過程─「オ」「ヲ」表記の分析を通して」『岡山大学大学院社会文化科学研究科紀要』25

六角恒廣（1961）『近代日本の中国語教育』播磨書房

六角恒廣（1984）『近代日本の中国語教育』不二出版（六角〈1961〉の再版）

六角恒廣（1988）『中国語教育史の研究』東方書店

六角恒廣（1989）『中国語教育史論考』不二出版

六角恒廣（1991）『中国語教本類集成　第1集』不二出版

六角恒廣（1992）『中国語教本類集成　第2集』不二出版

六角恒廣（1993）『中国語教本類集成　第3集』不二出版

六角恒廣（1994）『中国語書誌』不二出版

六角恒廣（1998）『中国語教本類集成　補集　江戸時代唐話篇　第 1 巻』不二
　　　　出版

六角恒廣（2001）『中国語関係書書目（増補版）』不二出版

〈ワ行〉

和久井生一（1973）「日本語研究「です」論考―その 3 ―　―幕末から明治初
　　　　期までの「です」についての一考察―」『拓殖大学論集』91

あとがき

　本書は、平成 30（2018）年に東北大学大学院文学研究科に提出した博士学位
請求論文「中国語会話書から見た近代日本語の研究」（同年 10 月 11 日博士学位
取得）をもとにしています。明治初期から昭和初期までを対象とした博士論文
のうち、前半部分を中心に加筆・修正したものです。博士論文をまとめるに当
たっては、斎藤倫明先生にご指導いただきました。小林隆先生、大木一夫先生、
村上雅孝先生、小松寿雄先生はじめ多くの方々にお教えいただきました。

　本書の各章と既発表論文との関係を以下に示します。複数の論文から関連箇
所を抜き出したもの等もあり、必ずしも一対一で対応してはいません。全体の
統一をはかるため、すべての文献に手を加えましたが、依然統一しきれなかっ
た部分も残っています。細かい部分を調整していると、また数年経ってしまい
そうなので、思い切って原稿を送ることにしました。平成 30（2018）年 4 月以
降、加筆・修正した部分に関しては、JSPS 科研費 JP18K00707 の助成を受け
たものです。また、本書および本研究は、令和 2（2020）年度同朋大学特定研
究費（出版助成等）の助成を受けたものです。

第 1 部
第 1 章　園田博文（2018b）「トーマス・ウェード（威妥瑪）著『問答篇』（1860
　　　　　年刊）及び『語言自邇集』（1867 年刊）の成立と近代日本に
　　　　　おける受容」『銘傳大學 2018 國際學術研討會　教育國際化
　　　　　潮流趨勢下台灣日語教育之反思―策略與實踐―（大會論文
　　　　　集）』（銘傳大學應用外語學院應用日語學系）

　　　　　園田博文（2018d）「明治初期日本語資料としての『問答篇』『語言自
　　　　　邇集』訳述書―中国語原文改変の実態と日本語訳文の性格に
　　　　　ついて―」『銘傳日本語教育』21（銘傳大學教育暨應用語文學
　　　　　院應用日語學系出版）

第 2 部
第 2 章　園田博文（2017d）「明治・大正・昭和初期中国語会話書 9 種に見られ

　　　　　　　る日本語訳文の性質― 一・二人称代名詞と当為表現の直訳
　　　　　　　度を手がかりに ―」(『日本語学会 2017 年度秋季大会予稿集』)

第 3 章　園田博文 (2018a)「『総訳亜細亜言語集』(明治 13 〜 15 年刊) における
　　　　　　　人称代名詞―中国語と対応する日本語の表記を中心に―『山
　　　　　　　形大学紀要 (教育科学)』17 − 1

第 4 章　園田博文 (2016a)「『官話指南総訳』(明治三八年刊) の日本語―当為
　　　　　　　表現・ワア行五段動詞連用形の音便・人称代名詞を手がかり
　　　　　　　に―」『近代語研究』19 (近代語学会編)、武蔵野書院
　　　　　　園田博文 (2017c)「文求堂主人田中慶太郎訳『東語士商叢談便覧』の
　　　　　　　日本語―人称代名詞・当為表現・ワア行五段動詞連用形の音
　　　　　　　便を例として―」『山形大学 教職・教育実践研究』12

第 3 部

第 5 章　園田博文 (1997)「明治初期中国語会話書の日本語―『亜細亜言語集』
　　　　　　　『総訳亜細亜言語集』を中心に―」『文芸研究』144

第 6 章　園田博文 (1998a)「中国語会話書における助動詞「です」の用法につ
　　　　　　　いて―明治 10 年代を中心に―」『国語学研究』37

第 4 部

第 7 章　園田博文 (2005)「中国語会話書に於ける「へ」と「に」―使い分け
　　　　　　　についての一考察―」『日本近代語研究』4 (近代語研究会編)、
　　　　　　　ひつじ書房

第 8 章　園田博文 (1998b)「『参訂漢語問答篇国字解』(明治 13 年刊) に於ける
　　　　　　　訳語の性格―九州方言との関わり―」『言語科学論集』2

第 9 章　園田博文 (2002)『語言自邇集 (COLLOQUIAL CHINESE)』訳述書の
　　　　　　　中国語と九州方言―会話文中における語の解釈―」『佐賀大
　　　　　　　学留学生センター紀要』1

序章・終章　書き下ろし

　令和 2(2020) 年 4 月、名古屋市内に引っ越しました。東山動植物園散策など、一家 3 人で楽しみにしていました。それが、予期せぬ新型コロナウイルスの蔓延によって、8 月となった今もまだどこにも行けないでいます。

5月11日に遠隔授業が始まり、6月22日には通常の対面授業となり、7月30日からまた遠隔授業に戻りました。国語学概論や国語法の時間は、対面授業ではきめ細かく行えない点（国立国語研究所HP・国語に関する世論調査・国立国会図書館デジタルコレクションの活用等）に焦点を当てて遠隔授業を行ったつもりです。それでも、特に新1年生の皆さんは、大学での学びが遠隔授業から始まったので、大変だったと思います。幸い、1ヶ月余りという短い期間でしたが対面授業が行えたので、よかったと思っています。

1年ほど前、博士論文やその後に書いたものを出版できないかと思っていたところ、学部の時の恩師である小松寿雄先生にご紹介いただき、武蔵野書院へご相談に伺いました。前田智彦社長からアドバイスを賜り、さまざまな構想や企画案を立てたのですが、生来の遅筆によって、そのままになっていました。

そのような折りに、2020年度同朋大学特定研究費（出版助成等）に申請し、承認されました。申請に当たっては、急な依頼になりましたが、武蔵野書院の前田智彦社長に見積書を作っていただきました。諸手続を行うに当たっては、同朋大学の皆様に大変お世話になりました。記して謝意を表する次第です。

佐賀大学でお世話になった木戸田力先生からいただいた5月新刊の高著も励みになりました。共同研究を続けている山形大学の石﨑貴士先生からの温かいお言葉にも励まされ、なんとか出版できそうなところまで進みました。

最後に、これまでずっと温かく見守ってくれている父、母、弟、そして、妻、小学1年生になったばかりの娘に感謝を述べます。

令和2年8月吉日
名古屋市名東区にて

園　田　博　文

索 引

凡 例

一、ＡＢＣ順、五十音順に配列した。

一、漢字表記・平仮名表記・片仮名表記に関わらず、現代仮名遣いの読みに従って配列した。

一、本文で歴史的仮名遣いやその他の仮名遣いで現れていても、索引では、現代仮名遣いに直して示したものがある。

一、読みが確定しないものは、そう読まれたであろう可能性の高いところに、そのままの表記で配列した。

一、平仮名と片仮名など表記法の異なる語を同一見出しにまとめた項目がある。

著者紹介

園田博文（そのだ ひろふみ）

1967年東京都生まれ。
東北大学大学院文学研究科博士後期課程単位取得満期退学。博士（文学）。韓国国立江陵大学校客員教授、佐賀大学講師、山形大学助教授・准教授・教授を経て、現在、同朋大学文学部教授。専門は日本語学・日本語教育学。

著書・論文として、『新明解語源辞典』（共著、三省堂、2011年）、「台湾における国語の発音指導―昭和14～15年刊『国語講習所用 新国語教本日案式 指導細案』等2種における誤用例を中心に―」『国語学研究』59〈斎藤倫明先生退職記念号〉（東北大学大学院文学研究科「国語学研究」刊行会、2020年）、「洒落本の語彙（男性のことばと女性のことば）」『シリーズ〈日本語の語彙〉4 近世の語彙―身分階層の時代―』（朝倉書店、2020年）などがある。

日清戦争以前の日本語・中国語会話集

2020年10月5日 初版第1刷発行

著　　　者：園田博文
発　行　者：前田智彦
装　　　幀：武蔵野書院装幀室
発　行　所：武蔵野書院
　　　　　　〒101-0054
　　　　　　東京都千代田区神田錦町3-11 電話03-3291-4859　FAX 03-3291-4839

印刷製本：三美印刷㈱

ISBN 978-4-8386-0735-8 Printed in Japan